So tanzt man
Rock'n'Roll

W0235736

Wolfgang Steuer

So tanzt man
Rock'n'Roll

Grundschritte · Figuren · Akrobatik

INHALTSVERZEICHNIS

Der Aufbau –
Der 9er-Grundschritt

DER WEG ZUM NEUEN ROCK 'N' ROLL

Der Rock 'n' Roll ist nicht nur in Musik und Rhythmus einer der stürmischsten Tänze, sondern auch in seiner Entwicklung – für ihn allein hat sich die junge Generation eine eigene Organisation geschaffen. Einst als zu wild abgelehnt – auch von jenen, die ihn heute gern als Zugpferd bei der Jugend für sich vereinnahmen möchten – hat er sich schließlich selbständig gemacht.

Das gelang ihm freilich nur, weil die bei seiner Ausbreitung führenden Kräfte sowohl den Tanz wie auch die für den Wettbewerb erforderliche Organisation ebenso zügig wie maßvoll entwickelt haben.

Sie beließen dem Tanz, was des Tanzes ist, und verhinderten, daß bei seiner akrobatischen Steigerung das Spielerisch-Tänzerische verlorenging. Außerdem bewahrten sie den Ausbau in Klubs und Verbänden vor Ehrgeizlingen und unfairer Scheinsportlichkeit.

Der Verfasser dieses Buches hat die tänzerische Choreographie, Wettkampfregeln für den modernen Rock 'n' Roll mitentwickelt.

Der Münchner Tanzlehrer Wolfgang Steuer, Vizepräsident des Allgemeinen Deutschen Tanzlehrerverbandes e.V. (**ADTV**), zählt zu den Fachlehrern der ersten Stunde. Er hat vor allem dafür Sorge getragen, daß die von den Professionals gemeinsam mit den ersten Rock-'n'-Roll-Amateuren entwickelten neuen Figuren und Abgrenzungen der Rock-'n'-Roll-Grund- und Akrobatikformen schnell Allgemeingut wurden. Denn ihm ist es durch die Berufung als Fachlehrer zu Tanzkongressen in aller Welt zu verdanken, daß Tanzschulen überall den neuen Rock 'n' Roll aufnahmen und weiter verbreiteten.

Seit 1978 steht er der World Rock 'n' Roll Confederation (**WRRC**) als Präsident vor.

Heiko Feltens
Präsident ADTV

EIN WORT ZUVOR

Der Rock 'n' Roll erfreut sich seit den 50er Jahren ungebrochener Beliebtheit. Die schwungvolle Musik, der temperamentvolle Tanz und die – nicht ungefährliche – Akrobatik begeistern immer wieder Tänzer wie auch Zuschauer.

Ich habe mir mit diesem Buch die Aufgabe gestellt, Ihnen das breite Spektrum vom Party-Rock 'n' Roll bis zum Vergleichskampf vorzustellen. Obwohl ich systematisch vom Anfänger bis zum Turniertanz aufbaue, erhebe ich nicht den Anspruch, ein vollständiges Tanzlehrbuch geschrieben zu haben. Für den, der Rock 'n' Roll tanzen lernen möchte, stellt dieses Buch eine Skala dar, in die er sich selbst einordnen kann.

Um entsprechend vorwärtszukommen, möchte ich Ihnen jedoch die Anleitung durch einen entsprechend ausgebildeten Lehrer, zum Beispiel in einer ADTV-Tanzschule oder in fortgeschrittenem Stadium in einem DRRV-Rock-'n'-Roll-Club ans Herz legen. Da ich seit 1976 auf allen nationalen und internationalen Fachtagungen das vorliegende Programm vor Tanzlehrern gezeigt und unterrichtet habe, wird in allen ADTV-Tanzschulen die gleiche Grundtechnik gelehrt, mit einigen Abweichungen sicher auch die im Buch beschriebenen Figuren.

Aber auch ein absoluter Tanzlaie, zum Beispiel ein Rock-'n'-Roll-Zuschauer, kann sich ein Bild davon machen, wie man sich vom Anfänger zum Fortgeschrittenen, und vielleicht sogar – wenn man will – zum Turniertänzer entwickeln kann. Dazu sollten Sie allerdings dieses Buch der Reihe nach durcharbeiten.

Das Kapitel Geschichte erläutert zunächst die vielfältigen Einflüsse auf die Musik und den Tanz Rock 'n' Roll. Auf eine chronologische Auflistung von Songs, Interpreten, Biographien und/oder Filmen wurde bewußt verzichtet. Für die 50er Jahre beschränke ich mich auf die amerikanische Rock-'n'-Roll-Szene,die sich in Europa nur zeitversetzt und mit kleinen unwichtigen Änderungen abspielte.

Das Buch ist so aufgeteilt, daß es sich auch im Unterricht sinnvoll einsetzen läßt. Zuerst, als Basis, der 6er-Grundschritt mit einfachen und fortgeschrittenen Tanzfiguren, dann der 9er-Schritt bzw. Sprungschritt, wie er von Fortgeschrittenen und Turniertänzern praktiziert wird, ebenfalls mit Figuren. Danach folgen halbakrobatische und akrobatische Figuren. Damit ist der Rock 'n' Roll, so wie man ihn heute tanzt, vom Anfänger über den Fortgeschrittenen bis zum Turniertänzer weitgehend abgedeckt.

Ganz außer acht gelassen wurde das Thema Boogie Woogie, das sich in den letzten Jahren alternativ zum sportlichen Rock 'n' Roll entwickelt hat. Mit Boogie Woogie ist hier die Art zu tanzen gemeint, wie es in den 50er Jahren und auch schon davor – möglichst in Original-Stilart mit Original-Schritten und in Original-Kleidung – üblich war. Da es auch hier die vielfältigsten Möglichkeiten gibt, würde es den Rahmen dieses Buches sprengen.

ABKÜRZUNGEN

KÜRZEL	BEDEUTUNG
ADTV	Allgemeiner Deutscher Tanzlehrer Verband
A	Arm
B	Bein
DRRV	Deutscher Rock-'n'-Roll-Verband
F	Fuß
H	Hand
L	Links
LA	Linker Arm
LB	Linkes Bein
LD	Linksdrehung
LF	Linker Fuß
LH	Linke Hand
R	Rechts
RA	Rechter Arm
RB	Rechtes Bein
RD	Rechtsdrehung

KÜRZEL	BEDEUTUNG
RF	Rechter Fuß
RH	Rechte Hand
rw	rückwärts
sw	seitwärts
vw	vorwärts
WRRC	World Rock-'n'-Roll-Confederation
+	Wird „und" gesprochen und bedeutet 1/2 Schlag ≙ hier 1/8 Notenwert. Im Rock 'n' Roll hat es sich eingebürgert, dieses Zeichen auch für die Zählweise von Grundschritten und Tanzfiguren zu verwenden.

Die in einer Raute ◈ stehenden Zahlen verweisen auf die entsprechend numerierten Abbildungen. Diese zeigen die in den Tabellen angegebenen Schritte oder Positionen.

Die Geschichte

DES ROCK 'N' ROLL

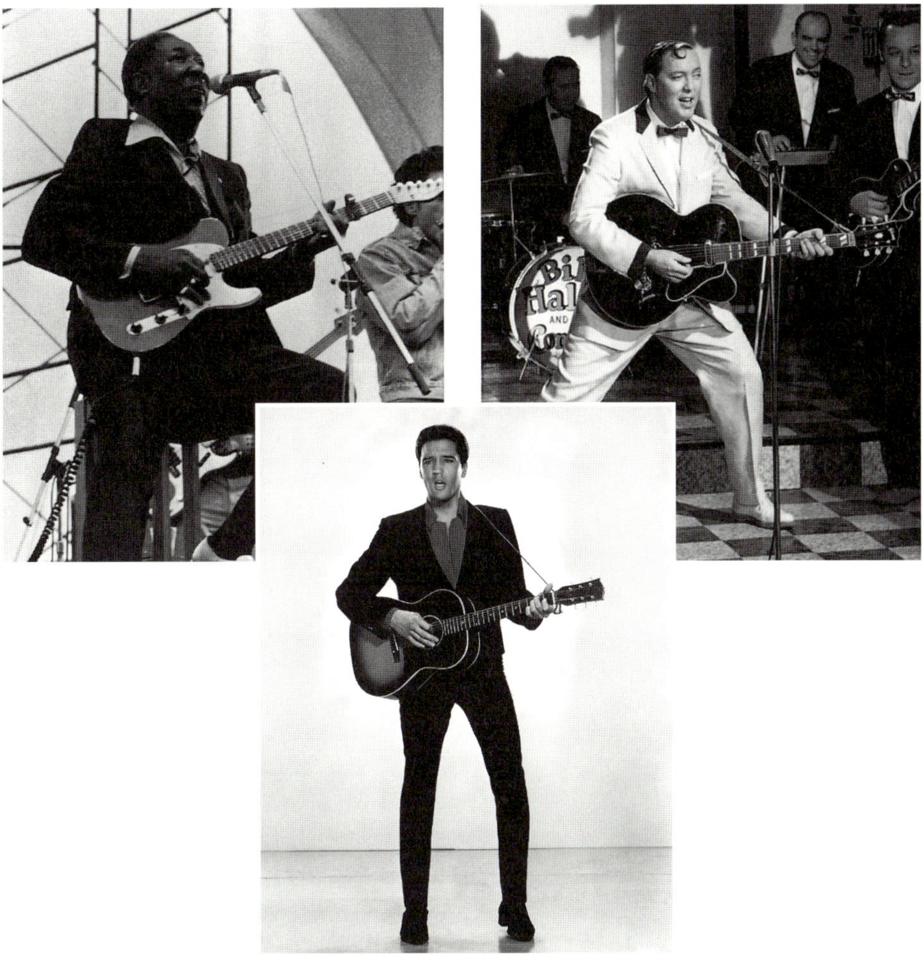

DIE WURZELN

Die Geschichte des **Rock 'n' Roll** läßt sich genausowenig wie die anderer vergleichbarer Epochen in einen festen Zeitrahmen zwängen. Seine erste Blütezeit datiert zwischen den Jahren 1954 und 1958, obwohl er sich in dieser Zeit kaum vom damaligen **Rhythm & Blues** unterscheiden läßt. Der Grund hierfür liegt im Ursprung des Rock 'n' Roll, der sich aus drei großen Musikrichtungen entwickelte

◆ dem **Jazz,** der den typischen Shuffle-Rhythmus beisteuerte,

◆ dem **Country & Western-Stil,** einer fast ausschließlich von Weißen gespielten Musik, und

◆ dem **Rhythm & Blues,** die Musik der Afroamerikaner aus den Südstaaten Amerikas.

Lange Zeit verhinderte die Rassentrennung die gegenseitige Einflußnahme dieser verschiedenen Stilrichtungen – zumindest offiziell! Keine „weiße" Radiostation war beispielsweise bereit, die Platte eines Farbigen über den Äther zu schicken. Der bis 1940 von **Billboard,** dem wichtigsten Branchenblatt der Musikindustrie, eingeführte Ausdruck **race music** für die Musik der Schwarzen verdeutlicht dies recht drastisch. 1949 wurde dieser Begriff von Billboard in **Rhythm & Blues** geändert.

Selbst in der Art zu tanzen wiederholte sich diese scharfe Trennung der Musik von Weißen und Schwarzen. Für die Weißen war (und ist) Tanzmusik in erster Linie eine Art Hintergrundmusik, quasi Mittel zum Zweck, um sich kennenzulernen und körperlich berühren zu können. Für die Farbigen hingegen sind Musik und Bewegung gleichberechtigt – Tanzen, sich nach Musik zu bewegen, bedarf keines „aufgesetzten" Anlasses. Genausowenig wie sie einen Tanzpartner brauchen. Wichtig ist einzig und allein die Musik als Dialogpartner.

„Blues had a baby and they named it Rock 'n' Roll" McKinley Morgenfield, besser bekannt als Muddy Waters

VOM RHYTHM & BLUES ZUM ROCK 'N' ROLL

Stilistisch betrachtet war Rhythm & Blues in den 40er und 50er Jahren das Sammelbecken für fast alle nur denkbaren musikalischen Ausdrucksformen „schwarzer" Unterhaltungskunst, wobei Rhythm & Blues die Swing- und Jazzkomponenten der 40er Jahre aufgriff. Und hier ganz besonders Elemente des Boogie-Woogie, einem jazzverwandten Pianostil des Blues. Abgesehen davon, daß es sich beim Rhythm & Blues um die Tanzmusik der Schwarzen handelte, waren vor allem die verwendeten sexuellen Metaphern für die Weißen vollkommen indiskutabel. So veröffentlichte beispielsweise das „Wash-out-the-air-Committee" in Houston zwischen den Jahren 1954 und 1955 Listen mit indizierten Titeln und startete Kampagnen gegen Diskjockeys, die diese obszönen Titel in ihren Radiostationen spielten. Mit dem Erfolg, daß das Interesse an dieser „verbotenen" Musik bei den Jugendlichen ständig stieg. In einer geglätteten und von zweideutigen Redewendungen gereinigten Form gelang es dem Rhythm & Blues jedoch in Verbindung mit der Country & Western-Musik der Weißen, sich als Rock 'n' Roll auch bei diesen durchzusetzen. Die immer stärkere Verbreitung durch die stetig anwachsende Zahl von „schwarzen" Radiosendern, die zunehmende Bereitschaft der „weißen" Stationen, diese Titel zu spielen – nicht zuletzt deshalb, um auch die schwarzen Jugendlichen als Hörer zu gewinnen – und die

Typisch für den frühen Rhythm & Blues ist die fast ausschließlich begleitende Spielweise von Baß und Drums, ähnlich wie beim Jazz oder Blues, wenn nicht die starke zusätzliche Betonung der Taktschläge 2 und 4 auf den Shuffle-Rhythmus weisen und dadurch die sonst für den Blues typische Offbeat-Phrasierung (Betonung auf Taktschlag 1 und 3) verhindern würde. Auch die ansonsten für den Blues so charakteristischen strengen Akkordfolgen werden ständig geändert; Zusammenhalt bekommt der Rhythm & Blues durch die Boogie-Woogie-Begleitung im Baß.

Hilfe der Musikindustrie, die ein neues Geschäft witterte, ließen letztlich auch die weißen Musiker nicht an diesem Rhythmus vorbeikommen. Cover-Versionen weißer Musiker trugen maßgeblich zur Verbreitung der schwarzen Musik bei. Oft war gerade die gecoverte Version um einiges erfolgreicher als das Original. **Maybellene** von Chuck Berry war der erste Titel eines schwarzen Musikers, der ohne Hilfe einer Cover-Version den Weg in die Hitparade fand. Im Frühjahr 1954 erschien die Platte **Sh-Boom** der schwarzen Gruppe CHORDS auf dem amerikanischen Markt. Manche Historiker bezeichnen diese Platte als den ersten Rock-'n'-Roll-Hit.

Chuck Berry – ein Klassiker der Rockmusik

Die heisere Stimme, der Background-Chor mit dem typischen „Doo-Wop" (übliche Anfangssilben des Refrains der meist schwarzen Vokalgruppe der 50er Jahre, deren Musik sich aus einer Mischung von Rhythm & Blues, Gospel und Tin Pan Alley zusammensetzte) sowie der packende Shuffle-Rhythmus begeisterten die Jugend. Ob schwarz oder weiß, sie tanzten wie „besessen" zu dieser Musik. Gerade diese Platte mußte sich aber auch heftige Kritik der älteren Generation gefallen lassen, sie reagierte empört. Diese Kritik und der daraus resultierende Protest der Jugendlichen waren der Anfang einer Entwicklung, die große Veränderungen in Gesellschaft und Musikindustrie für die Farbigen der Staaten zur Folge haben sollte. Erfolgreicher war übrigens auch in diesem Falle wieder der Nachzieher einer kanadischen weißen Formation, die sich CREW-CUTS nannte. **Rhythm & Blues** mußte als „schwarze" Musik den Widerstand der Weißen brechen, **Rock 'n' Roll** als Musik der weißen und schwarzen Jugend dagegen den Widerstand der Erwachsenen. Rhythm & Blues entwickelte sich in seiner „entschärften" Form, dem Rock 'n' Roll, zum Protest gegen die Erwachsenenwelt, die der Unterhaltungsmusik eines Perry Como oder Frank Sinatra nachhingen.

ALAN FREED UND DIE ROCK 'N' ROLL-REVOLUTION

Großen Anteil daran, daß Rhythm & Blues beziehungsweise Rock 'n' Roll sich durchsetzte, hatte Alan Freed, der selbsternannte **Vater des Rock 'n' Roll**. Als ungewöhnlich besessener Rhythm & Blues-Diskjockey überredete er 1952 den Manager seiner Radiostation in Cleveland/Ohio, ihn im Anschluß an sein klassisches Programm eine Rhythm & Blues-Party senden zu dürfen, die er mit dem neuen Begriff **Rock 'n' Roll** versah. Zu dem Titel **Rock a beatin' Boogie** von Bill Haley schlug er im Rhythmus der Musik auf den Tisch und sang bei den Worten **„Rock, Rock, Rock everybody – Roll, Roll, Roll everybody"** laut mit. Diese Wortverbindung war allerdings keine neue Schöpfung von Freed, sie existierte bereits in der Bluessprache bzw. im Slang der Farbigen als Bezeichnung für den Beischlaf. Freed benutzte in der Öffentlichkeit diesen neuen Begriff, um mit ihm von rassistischen Vorurteilen betreffend des Rhythm & Blues möglichst abzulenken. Das Synonym **Rock 'n' Roll** setzte sich für Rhythm & Blues durch und die Musik begeisterte die weißen Jugendlichen derart, daß Freed

Veranstaltungen mit schwarzen Künstlern managen konnte, deren Publikum zum größten Teil aus Weißen bestand.

Alan Freed trug maßgeblich zur Verbreitung des Rock 'n' Roll bei

Ende der 50er Jahre wurde Alan Freed ein Opfer der Kampagne gegen den Rock 'n' Roll. Als während einer von ihm organisierten Veranstaltung so manches zu Bruch ging, lastete man ihm Aufhetzung mit Hilfe des Rock 'n' Roll an. Wenig später verstrickte er sich zusätzlich noch in eine Bestechungsaffäre, in der ihm vorgeworfen wurde, Geld von Plattenfirmen angenommen zu haben, um deren Titel gezielt in seiner Sendung zu Hits hochzupuschen. 1964 stand er nochmals vor Gericht, diesmal wegen Steuerhinterziehung größeren Stils. Freed starb 1965 als gebrochener Mann.

Mitte der 50er Jahre bemerkte die Musikindustrie, daß mit dem Rock 'n' Roll einiges Geld zu verdienen sein würde. In dieser Zeit wurden spezielle Rock-'n'-Roll-Filme gedreht, um dieser Musik zur entsprechenden Popularität zu verhelfen. Damals entstanden Filme wie **Rock around the clock**, **Rock, Rock, Rock** und **Don't knock the Rock** in denen der „Vater des Rock 'n' Roll", Alan Freed, mitspielte bzw. im letztgenannten sogar sich selbst spielte. Die Filme lebten von der Musik und vor allem vom Tanz. Getanzt wurde paarweise oder auch einzeln, synchron oder jeder tanzte für sich. Revolutionär im Vergleich zu Foxtrott oder Walzer war die Akrobatik des neuen Tanzstils. Weltliche und geistliche Institutionen versuchten, durch Verbote das Interesse der Jugendlichen am Rock 'n' Roll zu brechen. So entstanden Situationen, wie sie in dem Film **... denn sie wissen nicht, was sie tun** (Rebel without a case) mit James Dean dargestellt wurden.

Filme wie „Außer Rand und Band" oder „... denn sie wissen nicht, was sie tun" und die Rockidole Bill Haley (S.15 links) sowie Elvis Presley (S.15 rechts) beeinflußten in bis dahin nicht gekanntem Ausmaß ihre Generation

ROCK AROUND THE WORLD

Obwohl es den Rock 'n' Roll, wie beschrieben, ja genaugenommen bereits vorher gab, kann der 12. April 1954, der Tag der Studioaufnahme des Titels **Rock around the clock,** durchaus als Geburtstag des Rock 'n' Roll gelten. Mit dem gleichnamigen Film über Bill Haley, dessen Musik und dem in diesem Film gezeigten Tanz wurde der Rock 'n' Roll letztendlich offiziell geboren. **Rock around the clock** sollte der erste Rock-'n'-Roll-Hit von wirklich internationalem Format werden.

Zu den wichtigsten schöpferischen Musikern des Rock 'n' Roll zählen Chuck Berry, Fats Domino, Buddy Holly, Little Richard und besagter Bill Haley. Doch trotz aller Erfolge konnten weder Bill Haley noch der Farbige Fats Domino in die Rolle eines Idols für die Jugendlichen schlüpfen, wie es zum Beispiel dem Schauspieler James Dean gelang. Die Jugendlichen sehnten sich nach einem Vorbild aus ihrer Mitte, es wurde Zeit für Elvis Presley. **Elvis the pelvis** (pelvis = das Becken), der weiße Sänger mit schwarzer

Stimme, der Jugendverführer und Bürgerschreck, traf mit seinen aufreizenden Hüftbewegungen und seinem unnachahmlichen Gesang voll ins Schwarze. Für die Entwicklung Musik hat er zwar recht wenig getan, als Interpret, Sänger und Idol einer ganzen Generation bleibt er jedoch unerreicht.

Als Gegengewicht zur Rock-'n'-Roll-Szene wurde 1957 von der Fernsehgesellschaft ABC als regelmäßige Sendung mit populärer Musik **American Bandstand** ins Leben gerufen. Ihr Moderator, Dick Clark, besaß das Image eines „großen Bruders" (Big Brother). Als Teenager fühlte er sich zu alt, als Vater zu jung. **American Bandstand,** bald von fast allen TV-Sendern imitiert, entwickelte sich zu einer wahren Institution und nahm ganz entscheidenden Einfluß auf Mode, Tänze, Musikgeschmack etc. der amerikanischen Jugend. Jeden Tag nach der Schule präsentierte Dick Clark seine jugendlichen Gäste, die nicht jünger als 14, aber auch nicht älter als 18 Jahre sein durften.

Korrekt gekleidet, erschienen die Jungen mit Krawatte und Jackett und die Mädchen ihrerseits in nicht zu kurzen Röcken. Unzählige Tanzhits wurden in dieser Sendung vorgestellt, wie zum Beispiel Madison, Hully Gully, Twist, Walk, Circle, Finch, Philadelphia und Limbo, und anschließend in Illustrierten mit Schrittbeschreibungen und Bildern

veröffentlicht sowie von lokalen Fernsehsendern wiederholt.

Von der Rebellion **Rock 'n' Roll** war in **American Bandstand** allerdings nichts mehr zu spüren, die Sendung zeigte nur gutangezogene Jugendliche mit entsprechendem Verhalten sowie einem von jung und alt akzeptierten Gastgeber. Trotzdem verhalf auch **American Bandstand** dem Rock 'n' Roll zu weiterer Popularität. Just in der Zeit, in der Rock 'n' Roll am heftigsten bekämpft wurde, stellte Dick Clark den Titel **At the Hop** der Gruppe DANNY & THE JUNIORS in seiner Sendung vor. Der Titel erklomm nach dem Auftritt in Clarks Sendung prompt den Spitzenplatz der Hitparade und hielt diesen für 7 Wochen. Als Antwort auf die nun wieder aufbrausende Kritik erzielten DANNY & THE JUNIORS mit ihrem Nachfolgetitel **Rock 'n' Roll is here to stay** gleich wieder einen Hit.

Doch nicht nur in den Staaten versuchte man, dem Rock-'n'-Roll-Fieber der Jugend beizukommen. In Persien und Ägypten wurde der Rock 'n' Roll verboten, mit der Begründung, daß er gegen den islamischen Sittenkodex verstoße, außerdem meinten Ärzte, man könne sich beim Rock-'n'-Roll-Tanzen die Hüften verletzen. In kommunistischen Ländern wurden Tanzhallen geschlossen, als man merkte, daß zum Beispiel über

In den 50ern: Top of the Charts — Danny and the Juniors

Schiffe aus Hongkong Rock 'n' Roll-Platten eingeschmuggelt wurden. Zur gleichen Zeit wuchs mit dem Beginn der 60er Jahre das Interesse an lateinamerikanischen Rhythmen, wodurch der Rock 'n' Roll etwas an Boden verlor, aber trotzdem zu keiner Zeit wirklich „tot" war. In Frankreich und in der französischen Schweiz wurde vor allem die Form des Tanzes beibehalten, nicht aber unbedingt die Musik aus den 50er Jahren.

Nach der großen Zeit der Beatles, die stark von den Rock-'n'-Roll-Interpreten der vergangenen Jahre (wie zum Beispiel durch Chuck Berry) geprägt wurden, und der Discowelle, feierte der Rock 'n' Roll sein erstes Comeback.

Der Rock-'n'-Roll-Tanz, ob nach alten oder neuen Musikstücken, begeistert heute wie damals die Jugend und zieht auch die Rock-'n'-Roll-Generation der 50er Jahre wieder in seinen Bann. Die Musik und der Tanz haben sich etabliert. Rock 'n' Roll ist gesellschaftsfähig geworden. Kaum eine Tanzschule, die nicht Rock-'n'-Roll-Kurse anbietet. Neben diesem Freizeittanzvergnügen entwickelte sich der Rock 'n' Roll auch zu einem Hochleistungssport, in dem heute um regionale, nationale und internationale Meisterschaften getanzt wird.

TURNIER-ROCK-'N'-ROLL

Die Entwicklung des Wettkampfsports vollzog sich vollkommen eigenständig, das heißt, man kann die Rock-'n'-Roll-Turniere, die in den 70er Jahren erst richtig begonnen haben, nicht als eine Renaissance der 50er Jahre bezeichnen. Die Musik, die in ihrer Beliebtheit, ähnlich wie der Swing eines Glenn Miller oder Louis Armstrong, wohl unvergänglich sein wird, war zwar erneut Motor für diese Entwicklung, und für die Jugendlichen zählten ähnliche Beweggründe, doch dieses Mal war es das „Andere" bzw. das „Besondere", nicht das „Revolutionäre", sondern eher das „Spektakuläre", was das Rock-'n'-Roll-Tanzen mit Sprungschritt und Akrobatik so reizvoll machte.

Akrobatik brachte neben Faszination und Temperament noch eine sportliche Variante, die der jugendlichen Dynamik entspricht. Da die sportliche Seite Höchstleistungen und damit verbunden, hohen Einsatz forderte, beschränkte sich die Zahl der Rock-'n'-Roll-Sportler bald auf einen kleineren Kreis innerhalb der großen Clique der Freizeit-Rock-'n'-Roller. Der Schweizer René Sagarra brachte anfangs der 70er Jahre den Rock 'n' Roll mit seinem gesprungenen Schritt nach Deutschland. Zu dieser Zeit wurde bei Rock-'n'-Roll-Turnieren, die in Tanzschulen oder Diskotheken abgehalten wurden, noch meist der flache Schrittsatz getanzt.

Der **Deutsche Rock-'n'-Roll-Verband** (DRRV), gegründet am 13.12.1975, nahm sehr bald an Größe und vor allem an Bedeutung zu, da er von Anfang an ein Reglement (jetzt Turnier- und Sportordnung genannt und ein Bewertungssystem als Grundlage für alle Turniere schuf: Mittlerweile hat der DRRV mehr als 300 Clubs mit ca. 25 000 Einzelmitgliedern und ist damit der größte nationale Rock-'n'-Roll-Verband der Welt. Der DRRV ist Mitglied des Deutschen-Tanzsport-Verbandes und somit Mitglied in der deutschen Sportfamilie.

Innerhalb des Welt-Dachverbandes, der **World-Rock-'n'-Roll-Confederation** (WRRC), der mehr als 30 Nationen angehören, spielt der deutsche Verband nicht nur aufgrund seiner Größe eine bedeutende Rolle, sondern auch hinsichtlich der Tatsache, daß in den letzten Jahren die deutschen Rock 'n' Roller international zu den erfolgreichsten Sportlern zählen.

Die WRRC ist seit 1994 assoziiertes Mitglied in der **International Dance Sport Federation** (IDSF) und

Man glaubt es kaum:
Ganze 40 Jahre liegen zwischen diesen beiden Paaren. Die Kleidung hat
sich zwar geändert, nicht aber die Dynamik des Tanzes

somit unmittelbares Mitglied in der **General Association of International Sports Federations** (GAISF). National und international tanzen in der höchsten Tanzklasse seit dem Jahr 1985 **Amateure** und **Profis** gemeinsam in 4 Klassen (früher als Kategorien bezeichnet). Beginnend in der untersten, der D-Klasse, ist es möglich, durch bestimmte Erfolge (Erreichen von bestimmten Plätzen oder einer gewissen Anzahl von Siegen über andere Paare) in die nächsthöhere Klasse, die C-Klasse, aufzusteigen. Ebenso erfolgt dann der Aufstieg in die B-Klasse und A-Klasse. In den unteren Klassen ist die Akrobatik ganz verboten bzw. stark begrenzt.

Dies ist durch eine Figurenbegrenzung (Bestandteil der Turnier- und Sportordnung) festgelegt. Die akrobatischen Figuren in der A-Klasse unterliegen fast keiner Begrenzung. Seit Januar 1994 sind maximal Doppeldrehungen (beispielsweise Salti, Schrauben) erlaubt. Seit 1990 gibt es auf internationaler Ebene neben Welt- und Europameisterschaften die World-Masters-Serie, nach der die Weltrangliste errechnet wird. Hier tanzen die Paare in den entsprechenden Runden im K.o.-System gegeneinander. Weitere internationale Wettbewerbe gibt es außerden noch im Bereich der Rock-'n'-Roll-Formationen sowie der Schüler und Junioren.

Die Basis

DER 6ER-SCHRITT

ALLGEMEINE GRUNDKENNTNISSE

Basis-Rock-'n'-Roll oder **Hobby-Rock-'n'-Roll** ist ein Name, der von mir frei erfunden wurde. Innerhalb dieses Kapitels beschreibe ich den Teil des Rock-'n'-Roll-Tanzes, der zwar „nur" aus Spaß, als Hobby, so „nebenbei" betrieben wird, dessen Figuren und Schritte jedoch die Basis des Rock 'n' Roll insgesamt darstellen.

Der Turnier-Rock-'n'-Roll verkörpert im Gegensatz dazu die rein sportliche Seite. Ich habe mich bei der Beschreibung der Grundtechnik und der Figuren an die zeitgemäße Form des Rock-'n'-Roll-Tanzes gehalten. Ich möchte Ihnen empfehlen, diese Kapitel der Reihe nach durchzuarbeiten und möglichst keines zu überspringen.

Alle vorgestellten Tanzfiguren lassen sich auch auf allen Tanzflächen tanzen, selbst auf einer kleineren Tanzfläche wie beispielsweise in einer Diskothek. Bei halbakrobatischen oder akrobatischen Figuren sollten Sie grundsätzlich zwei Punkte beachten:
1. sollte das Paar eingespielt sein und
2. gehören solche Figuren nur dorthin, wo auch der entsprechende Platz zur Verfügung steht.

Für das Erlernen des Rock-'n'-Roll-Tanzes kann dieses Buch nur ein zusätzliches Hilfsmittel sein. Richtig und vor allen Dingen schneller erlernen Sie den Rock-'n'-Roll-Tanz durch die Anleitung eines Fachmannes. Ich möchte Ihnen daher den Besuch einer ADTV-Tanzschule ans Herz legen.

Wer in einen Club geht, braucht nicht unbedingt gleich sportlich Rock 'n' Roll zu tanzen. Wer allerdings ohne sportlich Rock 'n' Roll zu tanzen, seine Rock-'n'-Roll-tänzerische Laufbahn trotzdem bestätigt haben will, hat die Möglichkeit, sich in den ADTV-Tanzschulen die bronzene, silberne und goldene Nadel des Deutschen Rock-'n'-Roll-Abzeichens zu ertanzen. In den dafür besonders eingerichteten Rock-'n'-Roll-Kursen finden zum Abschluß Prüfungen statt: nach erfolgreichem Vortanzen erhalten Sie dann die entsprechende Auszeichnung.

Bei allem sportlichen Ehrgeiz sollten Sie aber immer daran denken, daß Tanzen doch eigentlich „nur" die herrlichste Nebensache der Welt ist.

Praktische Hinweise

Für das Üben der beschriebenen
Figuren sollten Sie den Bewegungsablauf zuerst ohne Musik, dann
nach langsamer und erst zum
Schluß nach schnellerer Musik
tanzen. Halten Sie sich bitte
konsequent an die festgelegten
Folgen. Erst wenn Sie die Grund-
lagen absolut beherrschen, beginnt
das Improvisieren – das individuelle Zusammensetzen einzelner
Figuren.

Tanzhaltungen

Im Gegensatz zu der Tanzhaltung
in den Standard- und Lateinamerikanischen Tänzen haben wir beim
Rock 'n' Roll eine sehr legere
Tanzhaltung.

Geschlossene Gegenüberstellung.
Beide Partner stehen in geringem
Abstand zueinander. Linke Herren-
hand und rechte Damenhand sind
in normaler Tanzhaltung gefaßt.
Rechte Herrenhand liegt auf dem
linken Schulterblatt der Dame.
Linke Damenhand liegt auf der
rechten Schulter oder dem rechten
Oberarm des Herrn **1**.

Offene Gegenüberstellung. Die Partner stehen sich etwa mit $1/2$ Meter
Entfernung gegenüber. Es ist jeweils nur eine Herren- und Damenhand gefaßt.
1. Linke Herrenhand und rechte
Damenhand, wobei der Herr seine
Hand aufmacht und die Dame
ihre von oben in die Herrenhand
einlegt **2**.

2. Rechte Herrenhand und rechte Damenhand (Shakehands), hier ist die Handhaltung wie beim **Guten-Tag-Sagen.** Halten Sie die Arme in der offenen Position immer leicht angewinkelt.

3

Doppelhandhaltung. Die Partner stehen sich etwa $\frac{1}{2}$ Meter voneinander entfernt gegenüber. Der Herr faßt von unten beide Hände der Dame. Winkeln Sie die Ellbogen leicht an **3** .

4

Kreuzhandhaltung. Die Partner stehen sich etwa $\frac{1}{2}$ Meter voneinander entfernt gegenüber. Der Herr faßt von unten die Hände der Dame, wobei die Armlinien ein Kreuz bilden. Je nach vorausgegangener oder nachfolgender Figur liegt einmal die rechte und einmal die linke Hand oben **4** .

Positionen

Neben der normalen Ausgangsposition (Gegenüberstellung) können die Partner in verschiedenen Positionen zueinander stehen.

5

Promenadenposition. Die Partner stehen wie in geschlossener Tanzhaltung zueinander, nur nimmt der Herr die linke, die Dame die rechte Seite etwas zurück, so daß die Schulterlinien beider Partner ein „V" bilden. Der Herr sieht nach links, die Dame nach rechts **5**.

6

Hintereinanderstellung. Die Partner stehen hintereinander, entweder die Dame hinter dem Herrn oder der Herr hinter der Dame. Je nach Figur sind verschiedene Handhaltungen möglich **6**.

7

Nebeneinanderstellung. Die Partner stehen nebeneinander, entweder gleiche Blickrichtung oder entgegengesetzte Blickrichtung **7**. Verschiedene Handhaltungen sind je nach getanzter Figur möglich: Zum Beispiel: Die gefaßten rechten Hände liegen in der Taille der Dame, die gefaßten linken Hände in Schulterhöhe der Dame (siehe Kapitel „Schiebetür").

Führung

Die Führung im Paar ist Sache des Herrn. Die Führung einer Drehung, eines Platzwechsels oder einer Richtungsänderung erfolgt immer kurz vor der eigentlichen Bewegung. Um gut führen zu können, müssen beide Partner eine gewisse Spannung in den Armen haben, das heißt, die Schiebe- oder Ziehbewegung, die der Herr an der Hand der Partnerin ausführt, muß sich sofort auf den ganzen Körper übertragen. Wenn der Damenarm erst in der Armbeuge und im Schultergelenk nachgibt, ist es für die ausführende Bewegung schon zu spät. Außerdem kann die Dame den vom Herrn mitgegebenen Schwung nicht voll ausnützen. Die Führung bei den einzelnen Figuren des Hobby-Rock-'n'-Roll ist, sofern sie sich nicht aus der Schrittbeschreibung für die Dame und den Herrn von alleine ergibt, zur besseren Übersicht extra beschrieben.

Kleidung

Beim Hobby-Rock-'n'-Roll-Tanzen spielt die Kleidung keine Rolle, solange nur Tanzfiguren und keine Akrobatik getanzt werden. Wenn halbakrobatische oder akrobatische Figuren getanzt werden, rate ich zu einer sportlichen Bekleidung; für die Dame auf keinen Fall einen Rock. Außerdem sollten beide Partner Turnschuhe, Sportschuhe oder Gymnastikschuhe tragen. Achten Sie auch darauf, daß Sie Gürtelschnallen, Schmuck, Halskettchen und dergleichen aufgrund der Verletzungsgefahr vorher ablegen.

GRUNDTECHNIK

Der Grundschritt ist die rhythmische Interpretation der Musik. Beim Rock-'n'-Roll-Tanz spricht man von verschiedenen Grundtechniken: vom 4er-, 6er-, 8er- oder 9er-Grundschritt. Beim Basis-Rock-'n'-Roll beschränke ich mich bewußt auf die gebräuchlichste Grundtechnik, den 6er-Grundschritt.

Der Vollständigkeit halber soll aber etwas zur Schrittentwicklung im Rock 'n' Roll gesagt werden. Ursprünglich bestand der Rock-'n'-Roll-Tanz aus einem 4er-Grundschritt, auch **Single Time** genannt. Daraus entwickelte sich dann der gebräuchlichste Rock-'n'-Roll-Grundschritt, der 6er-Grundschritt oder **Double Time.**

In einer bestimmten Form ist der 6er-Grundschritt auch als **Boogie** bekannt.

Den 8er-Grundschritt = **Triple Time** tanzt man heute als **Jive** auf allen Tanzturnieren als fünften lateinamerikanischen Tanz. Außerdem wird er im Rahmen des Welttanzprogramms in allen Tanzschulen in der Grundform mit einfachen Figuren unterrichtet.

Der 9er-Grundschritt = **Competition Step or Style** oder auch **Continental** schließlich ist die sportlichste und schwierigste Form des Rock-'n'-Roll-Tanzes. Diese Art zu tanzen, erfordert äußerst viel Kraft und Kondition, da es sich um einen Sprungschritt handelt. Dieser gesprungene 9er-Schritt ist keineswegs eine Neuentwicklung oder Grundschrittkonstruktion unserer Zeit. Bereits in alten Rock-'n'-Roll-Filmen aus den 50er Jahren (wie zum Beispiel **Außer Rand und Band**) können wir bei fortgeschritteneren Tänzern diesen Tanzstil beobachten. Im sportlichen Wettkampf wird von allen internationalen Rock-'n'-Roll-Verbänden nur diese Schrittform, der 9er-Grundschritt, anerkannt. Ein guter Rock-'n'-Roll-Tänzer sollte neben allen fortgeschrittenen Grundformen auf jeden Fall aber auch den 6er-Grundschritt beherrschen.

Aus Erfahrung möchte ich Ihnen raten, als erstes den 6er-Grundschritt zu erlernen und diesen Schritt zunächst auch auf alle Figuren und Kombinationen aufzubauen. Erst wenn der 6er-Grundschritt beherrscht wird und der Tänzer ein gutes Rhythmusgefühl dafür entwickelt hat, sollte man sich an den 9er-Grundschritt wagen. Es ist dann sehr leicht, Figuren und Kombinationen vom 6er- in den 9er-Grundschritt umzubauen, da alle Aktionen (Bewegungen, Drehungen usw.) auf dem

Eine präzise und ausgefeilte Beintechnik ist nicht nur die Basis für alle Tanzfiguren, sondern auch wichtiges Wertungskriterium im Turniersport

zeitlich entsprechend gleichen Schritt (Fuß) ausgeführt werden. Dame und Herr könnten durchaus verschiedene Grundtechniken tanzen. In der Rock-'n'-Roll-Musik haben wir einen 4/4-Takt und benötigen für einen Grundschritt 1 1/2 Takte, das heißt 6 Taktschläge. Beim 6er-Grundschritt wird auf jeden Taktschlag genau ein Schritt getanzt. Für den 8er-Grundschritt (**Jive**) teilen wir 2 Taktschläge in je 2 Teile, so daß wir in der gleichen Zeit nun auf 8 Schritte kommen. Für den 9er-Grundschritt (**Sprungschritt**) werden 3 Taktschläge in je 2 Teile geteilt,

so daß aus 6 Schritten 9 werden. Vergleicht man die beiden anschließend beschriebenen Grundschritte aufgrund der Zählweise, so sieht man, daß es ohne weiteres möglich ist, daß ein Partner den 6er- und der andere den 9er-Grundschritt tanzt. Aber auch andere Kombinationen sind möglich. Bevor ich Ihnen jetzt den Grundschritt und die ersten Tanzfiguren vorstellen, möchten wir Ihnen mit einem kurzen Exkurs in die Musiktheorie die immense Bedeutung von Rhythmus, Takt und Betonung der Musik für das Tanzen näherbringen.

Exkurs: Rhythmus, Takt, Betonung

Ein Tanz lebt von der Interpretation der betreffenden Musik, von der Übereinstimmung, manchmal aber auch von der gewollten Abweichung von Rhythmus und Takt sowie von Bewegungsimprovisation und Gestus. Neben der Beherrschung der reinen Tanztechnik wie Fuß-, Beinarbeit und Akrobatik, besteht die Kunst des Tänzers, der mit der Musik tanzt, die Betonung der Musik und die Betonung seiner Bewegungen zeitlich zur Deckung zu bringen. Dazu einige Erklärungen zu den wichtigsten Begriffen aus der Musiktheorie.

Rhythmus ist das ursprünglichste und wichtigste Element der Musik. Erst durch die Gliederung in lange und kurze Töne erhält ein Musikstil sein charakteristisches Gesicht. So wie man die Sprache durch Wörter und diese durch einzelne Buchstaben darstellen kann, kann man auch Rhythmen schriftlich festhalten; als „Buchstaben" werden in der Musik **Noten** verwendet. Eine Note besteht aus Notenkopf und Notenhals. Werden diese beiden Teile der Note im Aussehen nun variiert, erhält man verschiedene **Notenwerte,** das heißt, verschiedene Längen, die sich zum Beispiel durch die Anzahl gleichmäßiger Schritte messen lassen (siehe Kasten unten). Anstelle der recht anschaulichen „Schritte" wird jedoch meist der Begriff **Schläge** oder **Beats** verwendet. Achtung: Die hier in der Musiktheorie verwendete Umschreibung 1 Schritt ist nicht gleichbedeutend mit dem späteren Tanzschritt! Lassen Sie sich dadurch bitte nicht verwirren.

Die gleichmäßige „Schrittfolge", die vom Metronom exakt vorgegeben wird, nennt man **Grundschlag;** dieser läuft in Viertelnoten durch. Legt man auf diesen Grundschlag in regelmäßigen Abständen eine Betonung, ergibt sich eine Ordnung, die in der Musik als Metrum bezeichnet wird.

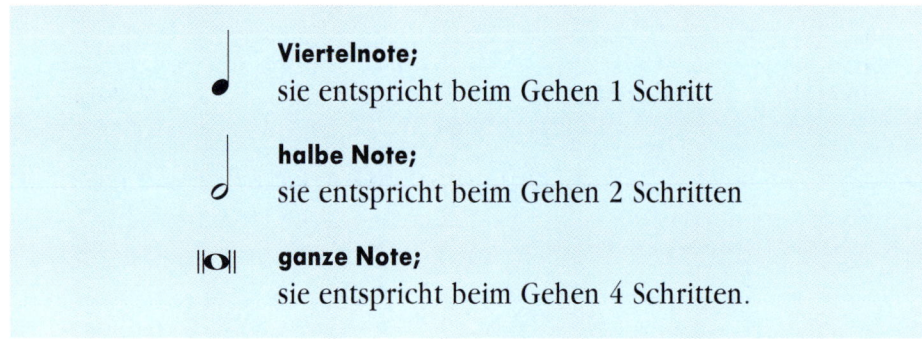

Viertelnote;
sie entspricht beim Gehen 1 Schritt

halbe Note;
sie entspricht beim Gehen 2 Schritten

ganze Note;
sie entspricht beim Gehen 4 Schritten.

Notenwerte bzw. Notenlänge: nur ein Beispiel

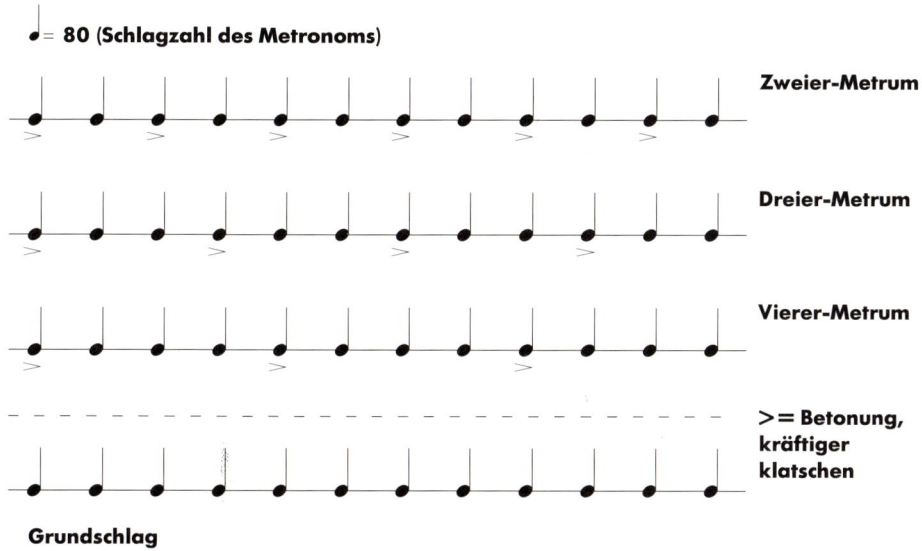

♩ = 80 (Schlagzahl des Metronoms)

Zweier-Metrum

Dreier-Metrum

Vierer-Metrum

>= Betonung, kräftiger klatschen

Grundschlag

Damit man nicht jede zweite, dritte oder vierte Note mit einem Betonungszeichen versehen muß, wird das Metrum als **Takt** darge-stellt. So läßt sich jede „Ansamm-lung" von Noten – wie Sie in der unteren Abbildung sehen können – in eine übersichtliche Form bringen:

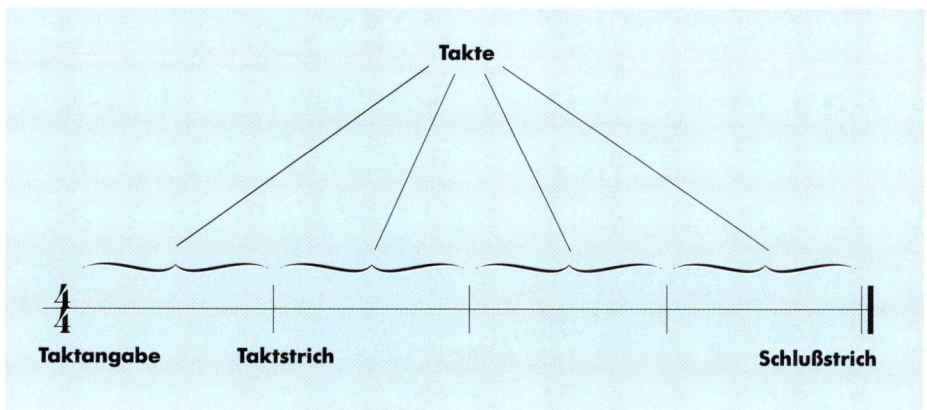

Takteinteilung schafft Übersicht

Die verschiedenen Metren entsprechen verschiedenen Taktarten; so wird aus dem Vierer-Metrum der **4/4-Takt** (Viervierteltakt). Der grundlegende Beat läßt sich dabei mit 1, 2, 3, 4 / 1, 2, 3, 4 usw. mitzählen. Der 4/4-Takt ist einer der wichtigsten Taktarten, rund 90% der Rock- und Popmusik werden im 4/4-Takt gespielt. Er gibt an, daß sich in jedem Takt 4 Schläge, 4 Zählzeiten, befinden. Jeder Schlag hat den Wert einer Viertelnote. Der 3/4-Takt hat demnach nur 3 Schläge pro Takt, der 2/4-Takt entsprechend nur 2. Wichtig: In allen Taktarten wird die erste Zählzeit betont, das heißt mit mehr Gewicht empfunden als alle übrigen. Die untenstehende Abbildung macht es nochmals deutlich. Dieser Grundbeat läßt sich variieren, indem man die Viertel zu längeren Noten zusammenfaßt oder in kürzere **Notenwerte** unterteilt. Eine andere Möglichkeit besteht darin, einzelne Töne wegzulassen; dafür sind die **Pausen** da.

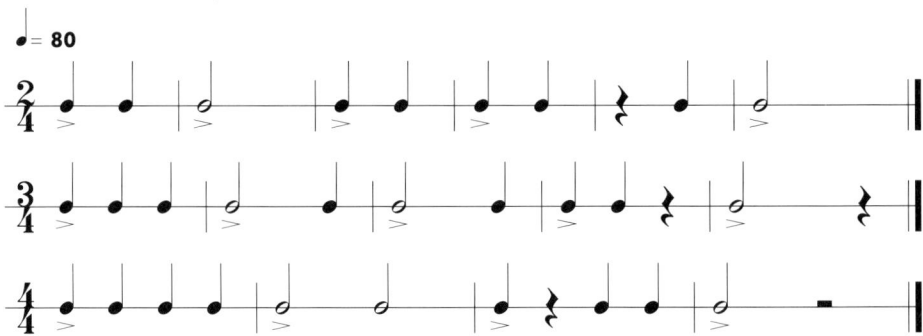

Verschiedene Taktarten im Vergleich

Notenwerte im 4/4-Takt

Notenwerte und Pausen

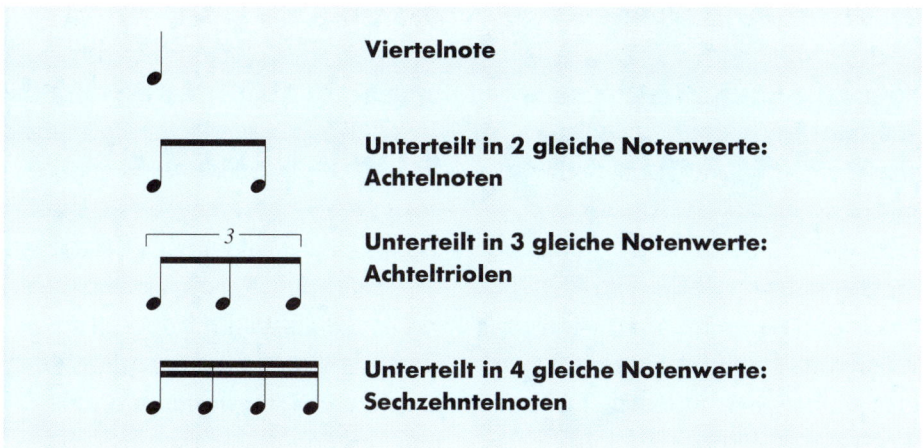

Viertelnote

**Unterteilt in 2 gleiche Notenwerte:
Achtelnoten**

**Unterteilt in 3 gleiche Notenwerte:
Achteltriolen**

**Unterteilt in 4 gleiche Notenwerte:
Sechzehntelnoten**

Werden Viertelnoten in 2 Achtel unterteilt, spricht man auch vom **binären Rhythmus** (binär = zweigeteilt). Die Achteltriole stellt dementsprechend eine Dreiunterteilung dar, und wird **ternär** genannt. Bestimmte Musikrichtungen, wie beispielsweise unser Rock 'n' Roll, basieren auf Rhythmen, die durch **ternäre Achtel** entstehen, indem die ersten beiden Schläge einer Achteltriole zusammengefaßt werden.
So erhält man praktisch 2 ungleiche „Achtel", die erste etwas länger und dadurch betonter als die zweite.
Man kann es aber auch so auffassen, daß die mittlere Triole wegfällt:

Diese spezielle Rhythmusauffassung kennen wir auch unter den folgenden Begriffen: **ternäre Phrasierung, Swing Feeling** oder **Shuffle Feeling.** Und der **Shuffle-Rhythmus** ist ja, wie wir bereits im Kapitel „Geschichte" erfahren haben, grundlegendes Element des Rock 'n' Rolls. Die Rock-'n'-Roll-Musik ist grundsätzlich im 4/4-Takt notiert. Es existieren zwar auch abweichende Notierungen, die wir für den **Tanz** jedoch unberücksichtigt lassen wollen. Die Betonung der Rock-'n'-Roll-Musik liegt folglich auf dem 1. Taktschlag sowie mit einem Nebenakzent auf dem 3. Taktschlag. Insofern würde sie sich in keiner Weise von normaler Popmusik unterscheiden. Das Charakteristische des Rock 'n' Roll ist die zusätzliche Betonung der Taktschläge 2 und 4, die aus dem Shuffle bzw. Swing rührt. Dieses weitere zweitaktige Maß wird auch mit **Afterbeat-Betonung** oder einfach **Afterbeat** benannt.

Rhythmus und Tanz

Auffallend ist, daß die in der Musiktheorie festgelegte Betonung eines 4/4-Taktes immer von der Melodieführung eingehalten wird und eine zusätzliche oder auch gegenläufige Betonung nur durch die Rhythmus- oder Baßinstrumente geschieht. Für den Tänzer, der, wie ich bereits angesprochen habe, in erster Linie seine Bewegungen mit den Betonungen der Musik in Einklang zu bringen versucht, stellt sich beim Rock 'n' Roll mit seiner etwas ungewöhnlicheren Form der Rhythmisierung die Frage, ob er die **melodieorientierte** Betonung oder die **Afterbeat**-Betonung zum

Maßstab nimmt. Diese Frage ist leicht zu lösen: In allen Tänzen, auch bei den sehr stark polyrhythmischen lateinamerikanischen Tänzen, folgt die Tanzbewegung immer der Betonung im Sinne der Musiktheorie, also der Betonung in der Melodieführung, das bedeutet für den Rock 'n' Roll auf Taktschlag 1 und auf Taktschlag 3. Eine weitere wichtige Frage ist die Bestimmung der **Geschwindigkeit** der Musik. Dazu können Sie nun entweder die Anzahl der Taktschläge oder die der Takte zählen, dies natürlich in einer bestimmten Zeiteinheit. Als Einheit hat sich für alle Tänze eine Minute eingebürgert, das heißt, man zählt eine Minute lang die Anzahl der Takte der jeweiligen Musik. Somit ergibt sich die Geschwindigkeit in Takten pro Minute. Musiker sind dagegen mehr die Bezeichnung **„Taktschläge pro Minute"** (beats per minute oder **bpm**) gewohnt, da sie diese auf ihrem Metronom einstellen können, das ist für uns jedoch gar kein Problem, der Rock 'n' Roll hat immer 4 Taktschläge pro Takt. Ein Tip: Wählen Sie als Anfänger einen nicht zu schnellen Rock 'n' Roll. 40 Takte pro Minute oder 160 bpm wären das richtige Maß.

Die Musikbetonung ist der rote Faden für den Tänzer. Im Rock 'n' Roll setzt er deshalb seine betonten Tanzbewegungen auf den 1. und 3. Takt

6er-Grundschritt
DOUBLE TIME

Double Time

Auf diesen Schrittsatz sind alle Figuren des Basis-Rock-'n'-Rolls aufgebaut. Diesen 6er-Grundschritt, den es auch in kleinen Abwandlungen (zum Beispiel **Tap, Kick**) gibt, sollte jeder Rock-'n'-Roll-Tänzer beherrschen.

FÜHRUNG

Der Herr führt die Dame mit der gefaßten Hand mit einem leichten Wegdrücken auf 1 in den Rückwärtsschritt und holt sie bei 2 mit einem leichten Heranziehen in die Ausgangsposition zurück.

6er-Grundschritt

	ZÄHLWEISE	RHYTHMUS	HERR	DAME
1	1 (rück)	1/4	LF rw	RF rw
2	2 (Platz)	1/4	RF am Platz belasten	LF am Platz belasten
3	3 (Kick)	1/4	LB Kick leicht nach links	RB Kick nach vorne
4	4 (Platz)	1/4	LF am Platz belasten	RF am Platz belasten
5	5 (Kick)	1/4	RB Kick leicht nach rechts	LB Kick nach vorne
6	6 (Platz)	1/4	RF am Platz belasten	LF am Platz belasten

TIPS ZUM ÜBEN

Beim 6er-Grundschritt wird auf jeden Taktschlag (1/4) ein Schritt getanzt. Der Schritt 1 rückwärts ist sehr klein zu tanzen, der Rückwärtsschritt wird immer nur knapp hinter das Standbein gesetzt. Alle Schritte werden auf den Fußballen angesetzt. Der Oberkörper bleibt aufrecht und ruhig, von einem leichten Mitfedern abgesehen.

1

2

3

4

5   6

EINFACHE TANZFIGUREN

Alle nachfolgend beschriebenen Tanzfiguren sind deshalb als einfach zu bezeichnen, weil sie unmittelbar auf dem 6er-Grundschritt aufbauen, und auch innerhalb von 6 Schritten abgeschlossen sind. Außerdem ist es bei einigermaßen guter Führung des Herrn möglich, diese Figur mit jeder Dame zu tanzen, ohne daß sie sich vorher zusammen eingetanzt oder abgesprochen haben. Die ersten vier Figuren zählen zu den elementaren Grundfiguren, die in jeder Tanzfolge vorkommen. Außerdem

werden sie ziemlich häufig dazu benutzt, schwierigere Figuren einzuleiten. Wie bereits erwähnt, können Sie alle Figuren außerdem im später beschriebenen 9er-Schrittsatz (Sprungschritt) tanzen.

PROMENADE

AUSGANGSPOSITION
Offene Gegenüberstellung, rechte
Herrenhand und rechte Damenhand
gefaßt **(Shakehands).** Diese Figur
können Sie auch mit einer anderen
Handhaltung tanzen. (Linke
Herrenhand, rechte Damenhand.)

Bei dieser Haltung faßt der Herr
die Dame am Ende mit der rechten
Hand in der Taille.
Der Herr tanzt den Grundschritt
von 1–6.

Promenade ◆

	ZÄHLWEISE	RHYTHMUS	HERR	DAME
	1	1/4	LF rw	RF rw
	2	1/4	RF am Platz belasten	LF kleiner Schritt auf den Herrn zu
	3	1/4	LB Kick leicht nach links	RB Kick
1	4	1/4	LF am Platz belasten	RF Schritt schräg vw an die rechte Seite des Herrn. Auf diesem Fuß 1/2 RD (gleiche Blickrichtung wie Herr am Ende)
2	5	1/4	RB Kick leicht nach rechts	LB Kick
	6	1/4	RF am Platz belasten	LF am Platz belasten

ENDE

Nebeneinanderstellung (gleiche Blickrichtung). Rechte Herrenhand und rechte Damenhand gefaßt. Linke Damenhand liegt auf rechter Schulter des Herrn, deshalb hat die Figur auch den Namen **Schulter-fasser 2** .

FÜHRUNG

Der Herr führt auf 4 mit seiner rechten Hand (durch leichtes Ziehen an der rechten Damenhand) die Dame an seine rechte Seite. Sobald die Dame am Ende von 4 den rechten Fuß belastet hat, nimmt der Herr zur Unterstützung der Damendrehung die gefaßten Hände vor die Dame **1** .

1

2

Als Platzwechsel werden Figuren bezeichnet, bei denen die Partner innerhalb eines 6er-Grundschrittes die Plätze tauschen. Hierbei sind der Fantasie keine Grenzen gesetzt, und es gibt sehr viele verschiedene Möglichkeiten. Drei der bekanntesten möchte ich Ihnen hier nun beschreiben.

PLATZWECHSEL UNTEN

Bei dieser Art die Plätze zu wechseln, tanzt der Herr vorwärts mit einer halben Linksdrehung an den Gegenüberplatz, die Dame hinter dem Herrn vorbei in einer halben Rechtsdrehung zum Gegenüberplatz.

AUSGANGSPOSITION

Offene Gegenüberstellung, linke Herrenhand und rechte Damenhand gefaßt.

FÜHRUNG

Bei 3 greift der Herr mit seiner rechten Hand auf die rechte Damenhand **1**, läßt dann seine linke Hand los und führt während Schritt 4 und 5 die rechte Damenhand hinter seinem Rücken wieder in die linke Herrenhand **2** – **3**.

Platzwechsel unten

	ZÄHLWEISE	HERR	DAME
	1	LF rw	RF rw
	2	RF kleiner Schritt vw	LF kleiner Schritt vw
1	3	LB Kick	RB Kick
	4	LF schräg vw 1/4 LD	RF vw 1/2 RD
2	5	RB Kick	LB Kick
3	6	RF rw 1/4 LD	LF rückwärts

1

2

3

PLATZWECHSEL OBEN

Bei diesem Platzwechsel tanzt der Herr innerhalb der 6 Schritte mit einer halben Rechtsdrehung, die Dame in einer halben Linksdrehung auf den Gegenüberplatz. Die gefaßten Hände (linke Herrenhand, rechte Damenhand) werden dabei über den Kopf der Dame geführt.

AUSGANGSPOSITION

Offene Gegenüberstellung, linke Herrenhand und rechte Damenhand gefaßt.

FÜHRUNG

Der Herr führt bei 2, 3 in einer Aufwärtsbewegung die gefaßten Hände (linke Herrenhand, rechte Damenhand) über den Kopf der Dame **1** . Bei 4, 5 werden die gefaßten Hände wieder nach unten genommen **2** .

Platzwechsel oben

	ZÄHLWEISE	HERR	DAME
	1	LF rw	RF rw
	2	RF kleiner Schritt vw, 1/4 RD	LF kleiner Schritt vw, 1/4 LD
1	3	LB Kick	RB Kick
	4	LF vw 1/4 RD	RF rw 1/4 LD
2	5	RB Kick	LB Kick
	6	RF am Platz belasten	LF am Platz belasten

1

2

PLATZWECHSEL TOR

Bei diesem Platzwechsel werden die gleichen Schritte wie beim Platzwechsel unten getanzt, nur nimmt der Herr die gefaßten Hände über seinen Kopf **1** und tanzt unter den gefaßten Händen in eine halbe Linksdrehung, während die Dame hinter dem Herrn vorbei mit einer halben Rechtsdrehung zum Gegenüberplatz tanzt **2** .

AUSGANGSPOSITION
Offene Gegenüberstellung, linke Herrenhand, rechte Damenhand gefaßt.

FÜHRUNG
Der Herr führt die gefaßten Hände bei 3, 4 in einer Aufwärtsbewegung **1** über seinen Kopf. Bei 5, 6 werden die gefaßten Hände wieder nach unten genommen **2** .

Platzwechsel Tor

	ZÄHLWEISE	HERR	DAME
	1	LF rw	RF rw
	2	RF kleiner Schritt vw	LF kleiner Schritt vw
1	3	LB Kick	RB Kick
2	4	LF schräg vw 1/4 LD	RF vw 1/2 RD
	5	RB Kick	LB Kick
	6	RF rw 1/4 LD	LF rückwärts

1

2

SOLODREHUNGEN

American Spin

Hier gibt es wiederum mehrere Möglichkeiten. Sowohl der Herr als auch die Dame können rechts- oder linksherum am Platz drehen. Dabei kann man diese Drehung alleine, oder auch mit gefaßten Händen (zum Beispiel Herr linke Hand, Dame rechte Hand usw.) durchführen. Es ist fast ausschließlich so, daß eine Damendrehung nach rechts auf dem 4. Schritt ausgeführt wird, eine Damendrehung nach links auf dem 2. Schritt und umgekehrt für den Herrn. Der Grund dafür ist die entsprechende Belastung des Fußes, auf dem die Drehung ausgeführt werden soll. Eine Rechtsdrehung läßt sich demnach leichter tanzen, wenn der rechte Fuß belastet wird, eine Linksdrehung entsprechend, wenn der linke Fuß belastet wird.

DAMEN-SOLODREHUNG RECHTS

AUSGANGSPOSITION

Offene Gegenüberstellung, 1. linke Herrenhand, rechte Damenhand gefaßt.
2. Rechte Herrenhand, rechte Damenhand gefaßt.
Der Herr tanzt den Grundschritt von 1–6, die Dame von 1–3.

ENDE

Offene Gegenüberstellung, 1. linke Herrenhand, rechte Damenhand gefaßt.
2. Rechte Herrenhand, rechte Damenhand gefaßt.

FÜHRUNG

Bei Ausgangsposition 1 führt der Herr auf 3 die gefaßten Hände nach oben (die Fingerspitzen zeigen zur Decke, die Handflächen liegen gegeneinander). Auf 4 führt der Herr die gefaßten Hände in einer leichten Drehbewegung über den Kopf der Dame, wobei sich die Damenfinger in der Herrenhand mitdrehen. Auf 5, 6 werden die gefaßten Hände wieder nach unten genommen.

Bei der Ausgangsposition 2 nimmt der Herr auf 3 die gefaßten Hände nach oben (die Fingerspitzen zeigen zur Decke und die Handflächen liegen gegeneinander). Die rechte Herrenhand und die rechte Damenhand werden soweit nach links abgekippt, daß die Hände wieder gefaßt werden können **1**. Auf 4 führt der Herr die gefaßten Hände in einer Drehbewegung über den Kopf der Dame **2**. Auf 5, 6 werden sie nach unten genommen.

Damensolodrehung rechts

	ZÄHLWEISE	RHYTHMUS	HERR	DAME
	1	1/4	LF rw	RF rw
	2	1/4	RF am Platz belasten	LF am Platz belasten
1	3	1/4	LB Kick leicht nach links	RB Kick nach vorne
2	4	1/4	LF am Platz belasten	RF unter dem Körper aufsetzen, so daß die Fußspitze bereits vom Herrn wegzeigt. Größter Teil der RD
	5 (Kick)	1/4	RB Kick leicht nach rechts	LB Kick, wobei die Drehung vollendet werden kann
	6 (Platz)	1/4	RF am Platz belasten	LF am Platz belasten

1

Damensolo rechts

2

DAMENSOLO

Dieser **American Spin** kann mit beiden Handhaltungen wie auch von der Dame alleine getanzt werden. Hierzu bleiben die Hände (zum Beispiel rechte Herrenhand, rechte Damenhand) in Hüfthöhe gefaßt bis zum 3. Schritt. Der Herr gibt auf 4 der Dame leicht Schwung für eine Rechtsdrehung **1** . Auf 5, 6 faßt der Herr mit seiner linken oder rechten Hand wieder die rechte Damenhand. Die Hauptaufgabe der Dame ist es, sich gut mit der rechten Hand in die Drehung abzustoßen.

1

DAMEN-SOLODREHUNG LINKS

AUSGANGSPOSITION
Offene Gegenüberstellung, linke
Herrenhand und rechte Damenhand
gefaßt.
Der Herr tanzt den Grundschritt
von 1–6, die Dame ebenfalls, auf 2,
3 macht sie mit dem linken Fuß
eine ganze Linksdrehung 1.

ENDE
Offene Gegenüberstellung, linke
Herrenhand und rechte Damenhand
gefaßt.

FÜHRUNG
Der Herr führt auf 2, 3 die gefaßten
Hände in einer spiralartigen Aufwärtsbewegung über den Kopf der
Dame. Auf 4, 5 werden die gefaßten Hände wieder zurück nach
unten genommen.

Damensolodrehung links

	ZÄHLWEISE	RHYTHMUS	HERR	DAME
	1	1/4	LF rw	RF rw
	2	1/4	RF am Platz belasten	LF am Platz belasten
1	3	1/4	LB Kick leicht nach links	RB Kick nach vorne (auf 2, 3 ganze LD)
	4	1/4	LF am Platz belasten	RF am Platz belasten
	5	1/4	RB Kick leicht nach rechts	LB Kick nach vorne
	6	1/4	RF am Platz belasten	LF am Platz belasten

HERREN-SOLODREHUNG RECHTS UND LINKS

Der Herr kann genauso wie die Dame rechts- und linksherum drehen. Fast immer dreht der Herr nach links auf dem 4. Schritt und nach rechts auf dem 2. Schritt. (Ausnahmen gibt es zum Beispiel bei der **Schiebetür.**) Die Herrendrehungen werden spiegelbildlich zu den Damendrehungen getanzt.

SOLODREHUNG FÜR BEIDE

AUSGANGSPOSITION
Offene Gegenüberstellung, rechte Herrenhand und rechte Damenhand gefaßt.

ENDE
Offene Gegenüberstellung, linke Herrenhand und rechte Damenhand gefaßt.

FÜHRUNG
Auf dem 4. Schritt gibt der Herr der Dame und sich selbst Schwung **1** für die Drehung und die Hände werden gelöst **2** . Auf 5, 6 faßt der Herr mit seiner linken Hand die rechte Damenhand **3** .
Diese Drehungen für beide können Sie auch relativ einfach aus anderen Ausgangspositionen tanzen. Zum Beispiel in einer Schattenposition, das bedeutet, wenn die Dame hinter dem Herrn steht, rechte Herrenhand wie auch rechte Damenhand gefaßt sind. Hierbei dreht der Herr dann lediglich eine halbe Drehung.

Solodrehung für beide

HERR	DAME
Solodrehung wie bereits bei Herrendrehung beschrieben	Solodrehung auf dem 4. Schritt rechtsherum
Auf dem 4. Schritt linksherum	

1

2

3

Solodrehung für beide

AUSGANGSPOSITION

Gegenüberstellung, Kreuzhand-
fassung **1**.
Herr und Dame tanzen den Grundschritt 1–6. Von beiden Partnern
wird der 2. Schritt aufeinander zu,
der 4. Schritt voneinander weg
getanzt. Um sich nicht zu behindern, führt er seinen Kick auf 3
etwas mehr nach außen und sie
den ihren zwischen den Beinen
des Herrn aus.

ENDE

Offene Gegenüberstellung, Doppelhandhaltung.

FÜHRUNG

Die über Kreuz gefaßten Hände
werden bei 2/3 über den Kopf
des Herrn geführt **2** und in den
Nacken oder auf die Schultern
gelegt **3**. Auf 4, 5 und 6 rutschen
die Damenhände über die Oberarme und Unterarme des Herrn **4**
zur Doppelhandhaltung **5**.

Flirt

	ZÄHLWEISE	RHYTHMUS	HERR	DAME
1	1	1/4	LF rw	RF rw
2	2	1/4	RF vw	LF am Platz
3			(kleiner Schritt)	belasten
	3	1/4	LB Kick	RB Kick
			nach links	nach vorne
			mehr nach außen	zwischen die
				Beine des Herrn
4	4	1/4	LF rw	RF am Platz
			(kleiner Schritt)	belasten
5	5	1/4	RB Kick	LB Kick
			leicht nach rechts	nach vorne
	6	1/4	RF am Platz	LF am Platz
			belasten	belasten

1

2

3

4

5

BREZEL

Diese Figur hat ihren Namen durch die brezelähnliche Armhaltung bekommen.

AUSGANGSPOSITION
Offene Gegenüberstellung, Doppelhandhaltung.

ENDE
Nebeneinanderstellung, rechte Hand für beide gefaßt; entgegengesetzte Blickrichtung.

FÜHRUNG
Die gefaßten Hände werden bei 3 über die Köpfe gegenseitig in die Nacken gelegt **3**. Die rechten Hände rutschen über die rechten Arme in eine **Shakehands-Haltung** (zwischen 4–6).
Diese Figur kann auf den letzten Schritt (6 + 5) auch wieder in Gegenüberstellung gedreht werden (für beide auf Schritt 6 eine Viertelrechtsdrehung).

Brezel

	ZÄHLWEISE	HERR	DAME
1	1	LF rw	RF rw
2	2	RF am Platz belasten, 1/4 LD rechte Schulter zur Dame	LF am Platz belasten, 1/4 LD
3	3	LB Kick	RF schließt zum LF
4	4	LF sw	LF sw
	5	RB Kick	RB Kick
5	6	RF am Platz belasten	RF am Platz abstellen ohne Gewicht

1

2

Brezel

3

4

5

TANZFIGUREN
FÜR FORTGESCHRITTENE

Die nun folgenden Tanzfiguren weichen etwas von dem normalen 6er-Grundschritt ab. Wenn ein Paar diese Figuren zusammen tanzen möchte, müssen beide ihre Schritte gut kennen. Hier reicht es jetzt nicht mehr, daß der Herr die Dame durch gute Führung „mitzieht". Diese Figuren sind, wenn sie im Sprungschritt (9er-Schritt) getanzt werden, auch schon sehr attraktive Figuren für ein kleines Turnierprogramm der unteren Klasse.

Es müssen ja nicht gleich die German Masters sein – für die ersten sportlichen Vergleiche bieten sich Breitensportwettbewerbe oder Turniere der D-Klasse an

Diese Figur hat ihren Namen deshalb, weil sehr markant und effektvoll einmal die Fußspitze (**Toe**) aufgesetzt wird und einmal die Ferse oder Hacke (**Heel**) „abgestellt" wird.

AUSGANGSPOSITION

Gegenüberstellung, Doppelhandhaltung (Handflächen gegeneinander). Die Dame tanzt von 1–6 gegengleich zu den Schritten des Herrn.

Toe Heel

ZÄHLWEISE		HERR	DAME
1	1	Linke Fußspitze neben dem RF ohne Gewicht aufsetzen. Das RB dreht 1/8 nach rechts, linkes Knie nach rechts	Rechte Fußspitze neben dem LF ohne Gewicht aufsetzen. Das LB dreht 1/8 nach links, rechtes Knie nach links
2	2	LF sw auf Ferse abstellen, ohne Gewicht. Das RB dreht 1/4 nach links	RF sw auf Ferse abstellen, ohne Gewicht. Das LB dreht 1/4 nach rechts
3	3	LF (kleiner Schritt) kreuzt vor RF. RB dreht 1/4 nach rechts	RF (kleiner Schritt) kreuzt vor LF. LB dreht 1/4 nach links
4	4	Rechte Fußspitze zum LF, ohne Gewicht. LB dreht 1/4 nach links. Rechtes Knie nach links	Linke Fußspitze zum RF, ohne Gewicht. RB dreht 1/4 nach rechts. Linkes Knie nach rechts
5	5	RF sw auf Ferse abstellen, ohne Gewicht. LB dreht 1/4 nach rechts	LF sw auf Ferse abstellen, ohne Gewicht. RB dreht 1/4 nach links
6	6	RF (kleiner Schritt) kreuzt vor LF. LB dreht 1/4 nach links	LF (kleiner Schritt) kreuzt vor RF. RB dreht 1/4 nach rechts

ENDE
Wie Ausgangsposition (mit gekreuzter Fußposition).

FÜHRUNG
Die Arme werden seitwärts mit Spannung gehalten, um die Drehbewegung in der Hüfte gegenseitig zu unterstützen.

HINWEIS
Diese Figur können Sie mehrmals wiederholen. Außerdem kann man bei 3 und 6 einen Taktschlag Pause tanzen (Zählen: 1, 2, 3, Pause, 4, 5, 6, Pause). Am besten ist es jedoch, diese Figur zweimal (einmal mit und einmal ohne Pause) zu tanzen.

1

2

3

4

5

6

Bei dieser Figur stehen die Partner hintereinander und kicken mit dem jeweils gleichen Bein.

AUSGANGSPOSITION
Der Herr steht hinter der Dame und faßt sie an beiden Handgelenken

1

Tausendfüßler

	ZÄHLWEISE	HERR UND DAME GLEICH
1	1	RB Kick, LB Hop
	2	RB Kick, LB Hop
	3	Umspringen auf RF, LB Kick
2	4	LB Kick, RB Hop
3	5	Umspringen auf LF, RB Kick
4	6	Umspringen auf RF, LB Kick
	7	Umspringen auf LF, RB Kick
5	8	Kleiner Sprung auf beide Füße (**Stomp**)

2

3

4

5

Die **Schiebetür** ist eine Figurenfolge (Wickelfigurenfolge), die sich aus vier Einzelfiguren mit Auflösung zusammensetzt.

AUSGANGSPOSITION

Offene Gegenüberstellung, rechte Herrenhand und rechte Damenhand gefaßt (**Shakehands**).

ENDE

Rechts neben dem Herrn (gleiche Blickrichtung).

FÜHRUNG

Der Herr führt die Dame mit seiner rechten Hand zwischen den Schritten 2 und 4 mit einer Art „Polizeigriff" an seine rechte Seite (gleiche Blickrichtung).
Die gefaßten Hände bleiben dabei in Hüfthöhe. Die linke Herrenhand und die linke Damenhand werden in Schulterhöhe der Dame gefaßt **2**.

Schiebetür 1. Teil (Eindrehen)

	ZÄHLWEISE	HERR	DAME
	1		RF rw
1	2		LF kleiner Schritt schräg vw
	3	Der Herr tanzt Grund-schritt von 1–6	RB Kick bei 2, 3, 1/2 LD
	4		RF rw
2	5		LB Kick
	6		LF schließt zum RF

1

2

ZÄHLWEISE		HERR	DAME
	1		RF rw
1	2	Der Herr tanzt den	LF (kleiner Schritt)
		Grundschritt von 1 bis 6,	schräg vw vor den
		wobei er auf 2 etwas rw	Herrn 1/4 LD
	3	tanzt, um die Dame vor	RB Kick
2	4	sich vorbeizuführen	RF vw 1/4 RD
	5		LB Kick
3	6		LF rw

ENDE
Links neben dem Herrn (gleiche Blickrichtung).

FÜHRUNG
Der Herr führt die Dame mit beiden Händen von seiner rechten an seine linke Seite **1** , **2** , wobei die Handhaltung der rechten Hände immer unten und der linken Hände immer oben bleibt. Am Ende sind die gefaßten linken Hände auf der Schulter der Dame, und die gefaßten rechten Hände vor dem Bauch des Herrn **3** . Beide haben immer noch gleiche Blickrichtung.

1

2

3

Schiebetür 3. Teil (Umdrehen)

	ZÄHLWEISE	HERR	DAME
	1	LF rw	RF rw
1	2	RF am Platz belasten	LF am Platz belasten, 1/2 LD
2	3	LB Kick	RB Kick
3	4	LF schließt zum RF, 1/2 RD	RF schließt zum LF
4	5	RB Kick	LB Kick
	6	RF am Platz belasten	LF schließt zum RF

ENDE

Nebeneinanderstellung, Dame an der rechten Seite des Herrn, gleiche Blickrichtung wie er, aber entgegengesetzt zur Ausgangsposition.

FÜHRUNG

Auf 1 Auflösung der rechten Handhaltung. Auf 2 führt der Herr mit der linken Hand die Dame in die halbe Linksdrehung. Die gefaßten Hände bleiben dabei oben **1**.
Auf 3, 4 führt der Herr die gefaßten linken Hände über seinen Kopf **2**. Auf 5, 6 werden die gefaßten Hände nach unten genommen und der Herr faßt wiederum mit seiner rechten Hand die rechte Damenhand an der rechten Seite (Taille) der Dame **4** (siehe Ausgangsposition „Verschieben").

1

2

3

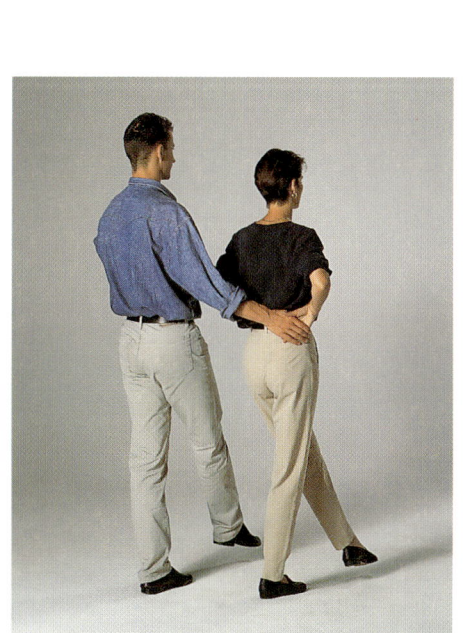

4

ZÄHLWEISE		HERR	DAME
	1		RF rw
1	2		LF (kleiner Schritt) schräg vw
2	3	Der Herr tanzt den Grundschritt von 1–6	RB Kick
	4		RF vw 1/2 RD
3	5		LB Kick
	6		LF am Platz belasten

ENDE

Gegenüberstellung in Kreuzhand-
fassung.

FÜHRUNG

Der Herr führt die Dame mit den
gefaßten linken sowie rechten
Händen von seiner rechten Seite in
die Gegenüberstellung. Dabei führt
er die gefaßten linken Hände bei 3,
4 über den Kopf der Dame **2** und
nimmt sie auf 5, 6 nach unten **3** .

1

2

3

TIPS ZUM ÜBEN

„Gehen" Sie bei allen schwierigeren
Figuren zuerst den Weg ohne Kicks.
Erst wenn Sie nach mehrmaligem
Üben den Weg gut kennen und die
Führung einwandfrei beherrschen,
ist es sinnvoll, dazu die Kicks zu
tanzen. Fassen Sie sich bei der
Handhaltung nur locker mit den
Fingerspitzen. Jede der beschriebe-
nen Handhaltungen muß bequem
auszuführen sein.

Der *Aufbau*

GRUNDTECHNIK

Auf Wettkampfturnieren ist der 9er-Grundschritt obligatorisch, das heißt, es muß Sprungschritt getanzt werden, da man einen flachen mit einem gesprungenen Schrittsatz schon im Hinblick des unterschiedlichen Konditionsaufwandes nicht vergleichen bzw. bewerten könnte. Das bedeutet, daß alle Grundschritttechniken und deren Variationen erlaubt sind, bei denen die Sprungschrittdefinition erfüllt ist. Auch für den Freizeit-Rock-'n'-Roller ist dies die fortgeschrittene Art, Rock 'n' Roll zu tanzen. Natürlich können Sie die Grundschritte „6er-Schritt" und „9er-Schritt" variieren.

Definition des Sprungschrittes

Mit Sprungschritt wird das sichtbare Lösen oder Verrutschen des Standbeines, während das andere Bein (Spielbein) zum Beispiel einen Kick ausführt, bezeichnet. Diese Definition wurde bei einem Trainerseminar von den wichtigsten Vertretern der europäischen Rock-'n'-Roll-Tanznationen festgelegt. Beim Tanzen des 9er-Grundschrittes oder einer seiner Variationen sollten Sie generell folgendes beachten:

◆ Das Gewicht liegt zum größten Teil auf den Fußballen, wobei der Fuß relativ flach am Boden bleibt; eine leichte Bodenberührung der Ferse ist möglich.

◆ Fuß-, Knie- und Hüftgelenke sind immer so locker (jedoch nie ohne Spannung!), daß sie die Bewegungen der Beine ausgleichen, um den Oberkörper trotz der Hüpfbewegungen ruhig zu halten.

◆ Oberkörper und Kopf bleiben aufrecht und gerade. Sie sollten die Hüpfbewegungen ebenfalls nicht sichtbar werden lassen.

◆ Die Armhaltung ist immer kontrolliert, das bedeutet, daß die Arme nie „hängen" oder „baumeln". Den tiefsten Punkt der leicht durchhängenden Arme bilden die gefaßten Hände.

◆ Die freien Arme führen bei jedem ersten Kick eines Grundschrittes eine betonende Bewegung aus. Dies kann zum Beispiel das seitlich waagrechte Strecken des Armes sein. In der restlichen Zeit werden sie getragen, etwa leicht angewinkelt am Körper oder frei zur Seite.

Die perfekte Beherrschung dieser Punkte zeichnen einen guten Tänzer aus. Sie läßt ihm Spielraum für die Variation der Grundtechnik, für das Gestalten der tänzerischen

Darbietung und die Interpretation der Musik (vgl. hierzu Kapitel „Rhythmus, Takt, Betonung" Seite 28 bis 32). In den nachfolgenden Beschreibungen der verschiedenen Grundschritte sind zwei Grundbewegungen, der **Kick** und der **Hop** charakteristisch. Auch diese beiden Bewegungen sollen zunächst definiert werden.

Der Kick

Die Kickbewegung erfolgt in vier Phasen:

1. Phase: Ausholen. Der Oberschenkel des Spielbeines (Kickbein) wird angehoben (maximal waagrecht), dabei hängt der Unterschenkel locker nach unten. Ein zusätzliches Abwinkeln im Knie ist möglich, aber nicht notwendig **1**.

2. Phase: Kick. Das **Fallenlassen,** jedoch nicht Durchdrücken des gesamten Spielbeines in seine maximale Länge. Das Bein bildet am Endpunkt der Bewegung eine gerade Linie, die schräg nach unten zeigt **2**.

3. Phase: Anheben (zum Absetzen). Das Spielbein geht fast bis zur Endposition der Ausholbewegung zurück **1**.

4. Phase: Belasten bzw. Absetzen. Das Spielbein wird wieder unter den Körper abgesetzt und übernimmt das Gewicht.

1

2

Der Hop

Entsprechend der Sprungschrittdefinition führt das Standbein
während einer Kickbewegung des
Spielbeines zwei kleine Sprünge
aus. Ein Sprung dieser Art wird mit
Hop bezeichnet.

1. Phase: Aufwärtsbewegung.

Während der Ausholbewegung des
Spielbeines (1. Phase) entsteht aus
Fuß-, Knie- und Hüftgelenk des
Standbeines heraus die Aufwärts-
bewegung des Hop **1** .

2. Phase: Abwärtsbewegung. Die

Landung auf dem Standbein erfolgt
zeitgleich mit dem **Kick** (Phase 2).
Phase 1 und Phase 2 des Hop
wiederholen sich bei der 3. und
4. Phase der Kickbewegung.
Der Hop kann einmal so ausgeführt
werden, daß das Standbein seine
Position nicht ändert (es muß
lediglich ein deutliches Loslösen
vom Boden sichtbar werden). Bei
der zweiten Möglichkeit wird das
Standbein durch den Hop nur so
weit entlastet, daß es von der Stelle
rutschen kann; man bezeichnet
diesen Vorgang als **Slip**. Dies muß
ebenfalls deutlich zu sehen sein.

1

Der **9er-Grundschritt** baut sich auf den 6er-Grundschritt auf (vgl. Seite 33 bis 35). Im Gegensatz zum 6er-Grundschritt wird der 1., 3. und 5. Taktschlag in zwei Teile geteilt (3/16 und 1/16). Um sich das Erlernen am Anfang zu erleichtern, ist es möglich, die Viertel auch in zwei gleichen Teilen zu je 1/8 zu tanzen. Rhythmisch einwandfrei ist hingegen nur die 3/16- zu 1/16-Aufteilung.

Der **Hop** auf dem Standbein soll sich dabei kaum auf den Oberkörper übertragen.

Bevor Sie sich an Variationen dieses Schrittes oder an andere Grundschritte „wagen", sollten Sie ihn fast wie im Schlaf beherrschen. Der 9er-Grundschritt zeigt eine deutliche Bewegungsbetonung durch den **Kick;** genaugenommen durch die 2. Phase der gesamten Kickbewegung, der Streckung des Spielbeines. Um jetzt nur **im** Takt zu tanzen, muß der Kick auf Taktschlag 1 oder 3 erfolgen. Der Grundschritt beginnt mit dem letzten Sechzehntel des vorangegangenen geraden Taktschlages (siehe Abbildung unten).

Die Zählweise „+" (sprich „und") hat sich eingebürgert, obwohl es im musiktheoretischen Sinne korrekter wäre „e" zu zählen, da es sich um einen 1/16- und nicht um einen 1/8-Taktschlag handelt. Für die nachfolgenden Grundschritterklärungen soll diese Zählweise die Grundlage bilden.

Die Aufteilung des 9er-Grundschrittes in 12 Einzelbewegungen, wie es die Tabelle und die dazugehörigen Fotos demonstrieren, haben dem 9er-Grundschritt verschiedentlich auch den Namen 12er-Grundschritt gegeben. Dies ergab sich allerdings nur dadurch, daß einige Tänzer

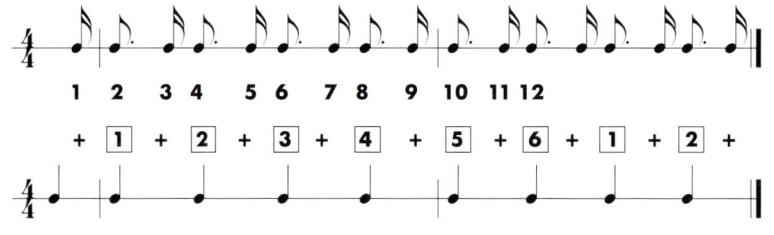

Grundschritt-rhythmus

Anzahl der Bewegungen

Zählweise

Takte und Taktschläge

die Anzahl der Bewegungen als Maßstab nahm, nicht jedoch, wie festgelegt, die Anzahl der Bodenberührungen. Einen Grundschritt mit 12 Bodenberührungen erhalten Sie, wenn Sie den 8er-Grundschritt, also den Jive-Grundschritt der lateinamerikanischen Tänze, in gesprungener Form, das bedeutet mit zusätzlichen Hops tanzen!

9er-Grundschritt

ZÄHLWEISE		RHYTHMUS	HERR	DAME
1	+	1/16	LB Ausholbewegung zum Kick = RB Hop	RB Ausholbewegung zum Kick = LB Hop
2	1	3/16	LB Kick	RB Kick
3	+	1/16	LF leicht rw (RF leicht anheben)	RF leicht rw (LF leicht anheben)
4	2	3/16	RF am Platz belasten	LF am Platz belasten
5	+	1/16	LB Ausholbewegung zum Kick = RB Hop	RB Ausholbewegung zum Kick = LB Hop
6	3	3/16	LB Kick	RB Kick
7	+	1/16	LB anheben (zum Absetzen) = RB Hop	RB anheben (zum Absetzen) = LB Hop
8	4	3/16	LF am Platz belasten	RF am Platz belasten
9	+	1/16	RB Ausholbewegung zum Kick = LB Hop	LB Ausholbewegung zum Kick = RB Hop
10	5	3/16	RB Kick	LB Kick
11	+	1/16	RB anheben (zum Absetzen) = LB Hop	LB anheben (zum Absetzen) = RB Hop
12	6	3/16	RF am Platz belasten	LF am Platz belasten

1

2

3

4

5

6

7

8

9

10

11

12

Üben Sie den Grundschritt zuerst ohne Musik auf die angegebene Zählweise, um dann nach langsamer Musik zu beginnen und für mehrere Titel lang nur Grundschritte zu tanzen. Auch später, wenn sie mehrere Figuren beherrschen, sollten Sie anfangs immer ein bis zwei Titel lang Grundschritt und einfache Figuren tanzen; denn gute Tänzer erkennt man an ihrem lässigen Bewegungsablauf innerhalb des Tanzes. Lässigkeit erreichen Sie ganz einfach durch die Übung. Einen flüssigen Bewegungsablauf erzielen Sie durch häufiges Üben und Tanzen des Grundschrittes. Bei den Figuren ändern sich übrigens immer nur ein oder zwei Schritte aus diesem 9er-Grundschritt.

Kick Ball Change

Die englische Bezeichnung **Kick Ball Change** bedeutet übersetzt Kick-Fußballen-Gewichtswechsel und bezeichnet die für fast alle Grundschritte typischen Anfangsbewegungen. Diese Anfangsbewegungen sind bereits in der Tabelle des 9er-Grundschrittes beschrieben; dabei gilt die in der Tabelle unten stehende Zuordnung.

Hierbei wird zwar die Ausholbewegung zum Kick unterschlagen, sie gehört aber selbstverständlich immer mit dazu. Im folgenden wird **Kick Ball Change** als abkürzende Formulierung für die gesamte Bewegungsform benutzt, da diese Bezeichnung auch in Fachkreisen ein allgemein gut bekannter Begriff ist.

Kick Ball Change

ZÄHLWEISE	RHYTHMUS	BEWEGUNG
1	3/16	Kick
+	1/16	Ball
2	3/16	Change

Variationen. Abwandlungen ergeben sich zum einen durch die Richtungsänderung der Kickbewegungen (bei 3 bzw. 5), zum anderen dadurch, daß das Absetzen bzw. das Belasten des Spielbeines (nach dem Kick) nicht am Platz, sondern vor oder hinter dem Standbein mit oder ohne Kreuzen ausgeführt wird. Eine dritte Möglichkeit ergibt sich durch die Änderung der Ausholbewegung. Dies wird meist hier von der Dame vor der Kick-Ball-Change-Bewegung praktiziert. Zum Beispiel: Anwinkeln des Unterschenkels bei der Ausholbewegung vor dem Standbein. Grundschrittechniken kann man ziemlich frei variieren, so lange die Sprungschritt-Grundelemente **Hops** und **Kicks** erhalten bleiben. Oft handelt

es sich dabei um recht individuelle Erfindungen, die dann nachgeahmt, sich regional oder national verbreiten. Beim sogenannten **französischen Grundschritt** wird beispielsweise statt einem Kick ein Doppelkick ausgeführt. Oder der **Schweizer Grundschritt,** der sich vom französischen Grundschritt durch die besondere Art des Anwinkelns vor dem eigentlichen Kick unterscheidet. Oder der **Pendelgrundschritt,** bei dem die Kicks in einer Art Pendelbewegung nach hinten ausgeführt werden.

Variationen der Grundschrittbewegungen geben oft einen besonderen Effekt und sorgen für Abwechslung, wenn sie in Nebeneinanderstellung oder Hintereinanderstellung getanzt werden.

Wie in vielen anderen Sportarten werden auch für das Rock-'n'-Roll-Tanzen spezielle Schuhe angeboten. Spätestens dann, wenn Sie turniermäßig aktiv werden, sind Spezialschuhe eine sinnvolle Investition

TANZFIGUREN IM 9ER-SCHRITT

Alle vorher nach dem 6er-Schritt-satz beschriebenen Figuren können Sie selbstverständlich auch im Sprungschritt tanzen.
Entsprechend der Vielfalt von Schritten und Figuren, gibt es ebenso viele unterschiedliche Tanzhaltungen. Als **Grundtanzhal-tung,** mit der auch die meisten der einfacheren Figuren durchgeführt werden, wäre lediglich die gefaßte rechte Damen- und linke Herren-hand (siehe Kapitel „Tanzhaltun-gen" Seite 22 bis 23) zu bezeich-nen. Die freien Arme werden dabei leicht angewinkelt und somit ge-tragen; man läßt sie nie hängen.

Die **Grundposition** oder **Ausgangs-position** der meisten Figuren nennt man „offene Gegenüberstellung" von Dame und Herr, wobei die Schultern etwa parallel zueinander zeigen, und der Abstand durch das lässige Durchhängen der gefaßten Hände beziehungsweise Arme bestimmt wird.
Die gefaßten Hände gleiten immer ineinander, um alle möglichen Drehungen zu gewährleisten, das heißt, es wird nie fest zugefaßt, sondern die Hände bilden jede für sich einen Haken, der es beispiels-weise dem Herrn ermöglicht, die Dame zu führen.

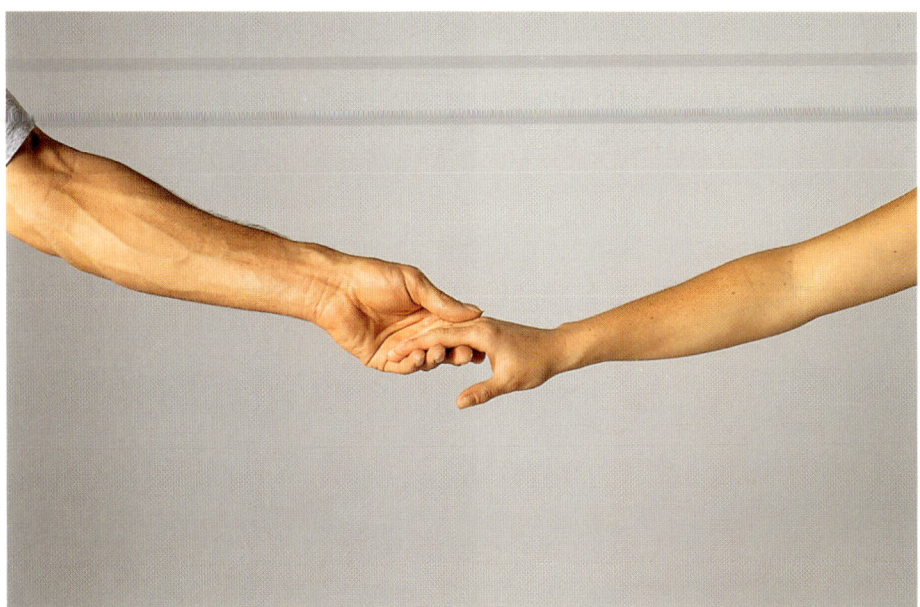

Im Turniertanz hat es sich eingebürgert, daß alle Figuren nur auf einer Linie getanzt werden. Ein Paar das in der Grundtanzhaltung zu tanzen beginnt, legt durch die gedachte Gerade, die zwischen den Füßen von jeweils Herr und Dame verläuft, die Tanzlinie für den gesamten Tanz fest. Dies hat zum einen eine gewisse tänzerische Eleganz bei der Darbietung zur Folge, zum anderen ermöglicht diese Tanzweise jedem, der sich rechts und links dazugesellt, eine genaue Einschätzung, wo das Paar tanzt und eventuell seine Akrobatik ausführt.

Alle für den Basis-Rock-'n'-Roll beschriebenen Tanzfiguren werden in mehr oder weniger abgewandelter Form auch im Turnier getanzt. Die folgenden Figuren sollen das Repertoire erweitern. Gleichzeitig sind sie Beispiele für etwas komplexere Figuren(verbindungen), wie sie beim Turniertanz üblich sind.

HINWEIS

Für die Beschreibung der folgenden Tanzfiguren wird stets die gleiche Zählweise wie beim Grundschritt verwendet. Dabei sollten Sie sich noch einmal die Dreiteilung eines Grundschrittes verdeutlichen (siehe Tabelle unten). Für diese drei Teile sind die Grundschrittaktionen genau festgelegt. Bei den folgenden Figuren werden Ihnen jetzt nur noch die Fortbewegung und die Führung bzw. die jeweilige Armbewegung beschrieben. Falls nichts anderes notiert, ergänzen die freien Arme durch Strecken die Betonung im Grundschritt immer bei 1. Das Strecken der Arme (oder eine andere Art von Betonung der Armbewegung) kann dabei in jede beliebige Richtung erfolgen.

1. Teil:	1 + 2	(Kick Ball Change)
2. Teil:	3 + 4	(z. B. Kick – Rutsch – Setzen)
3. Teil:	5 + 6	(z. B. Kick – Rutsch – Setzen)

TUNNEL

Großer Wickler

Der **Tunnel** ist eine kompliziertere Wickelfigur und hat deshalb auch den Namen **Großer Wickler** (im Gegensatz zu einer einfacheren Wickelfigur, die **Kleiner Wickler** heißt).

VORHER
Alle Figuren, die in der Grundposition enden.

AUSGANGSPOSITION
Offene Gegenüberstellung (Grundposition).

Tunnel 1. Teil

	ZÄHLWEISE	HERR	DAME
	+	Am Platz	Am Platz
	1	(Kick Ball Change)	(Kick Ball Change)
1	+	RH hinter dem Rücken	LH in RH des Herrn legen
	2	auf der linken Seite	(an dessen linke Seite)
		nach vorn strecken	
		und LH der Dame fassen	
		(ohne LH zu lösen)	
2	+	Am Platz	vw unter dem RA
	3	LA hochheben	hinter den Rücken des Herrn
	+		
	4	LA senken	
3	+	Am Platz	rw unter dem LA
	5	RA hochheben	vor den Herrn
	+		(an dessen rechte Seite)
	6	RA senken	

1

2

3

Tunnel 2. Teil

	ZÄHLWEISE	HERR	DAME
1	+	Am Platz	Am Platz
	1	(Kick Ball Change)	(Kick Ball Change)
	+		
	2		
2	+	RA hochheben	Am Platz
	3	1/2 LD am Platz	LA hochheben und am
	+	unter dem RA	Ende wieder senken
	4	Am Ende RA senken	
3	+	Am Platz	RA hochheben, seitwärts
	5	LA hochheben,	unter dem RA an die
	+	Dame unter dem LA	rechte Seite des Herrn in
	6	auf die rechte Seite	Körbchenposition
		in Körbchenposition	
		führen	

Tunnel 3. Teil

	ZÄHLWEISE	HERR	DAME
	+	Am Platz	Am Platz
	1	(Kick Ball Change)	(Kick Ball Change)
	+		
	2		
1	+	LA hochheben,	RA hochheben,
2	3	1/2 LD unter dem LA,	1 RD unter dem RA,
	+	mit dem RA die Dame	am Ende RA senken
	4	in 1 RD unter dem	
	5	LA führen,	
	+	am Ende LA senken	
	6		

(Hier kann wieder mit dem 1. Teil
begonnen werden)

1

2

3

1

2

ZÄHLWEISE		HERR	DAME
	+	Am Platz	Am Platz
	1	(Kick Ball Change)	(Kick Ball Change)
	+		
	2		
1 ▸	+	Am Platz,	vw in einem Linkskreis
	3	LH loslassen, mit der	um den Herrn mit einer
	+	RH die Dame hinter	ganzen Drehung in offene
	4	dem Rücken nach vorn	Gegenüberstellung,
	+	in offene Gegenüber-	Grundposition mit der
	5	stellung bringen,	RH einnehmen
2 ▸	+	Grundposition mit der	
	6	LH einnehmen	

ENDE

Offene Gegenüberstellung (Grundposition).

NACHHER

Alle Figuren aus offener Gegenüberstellung.

Halten Sie während der gesamten
Figur Ihre Arme in leichter Spannung, jedoch nie steif oder durchgedrückt. Die Hände gleiten ständig
ineinander, bilden aber nie einen
festen Griff. Bis auf den Anfang
und das Ende sind immer beide
Hände von Dame und Herr gefaßt
(sie werden auch zwischendurch
nie gelöst).

1

2

Hier wird nun noch eine Figur dargestellt, die exakt getanzt und mit ihren Variationen zu den schwierigsten Figuren überhaupt gehört.

VORHER
Je nach Variation.

AUSGANGSPOSITION
Je nach Variation; hier für die Grundbewegung: offene Gegenüberstellung.

ENDE
Offene Gegenüberstellung.

NACHHER
Alle Figuren aus offener Gegenüberstellung.

Außer in dieser Gegenüberposition gibt es diese Figur auch noch nebeneinander oder hintereinander, dabei können sich die Partner jeweils in gleicher oder in entgegengesetzter Richtung bewegen, die Schultern müssen jedoch immer parallel bleiben.

Die interessantesten und wohl auch schwierigsten Versionen stellen die Variationen dar, bei denen während des Einkreuzens noch zusätzliche Drehungen erfolgen. Dabei können folgende Wege auf dem Boden beschrieben werden (siehe hierzu nebenstehende Zeichnung).

Ein Pfeil beschreibt zum Beispiel die Zählzeit **+1+2** oder **+3+4** usw. Die Richtung des Pfeils gilt für den Seitschritt (**+1, +3**). Die Zahlen an den Pfeilen beschreiben die Reihenfolge der Bewegungsrichtungen. Die unterbrochen gezeichneten Pfeile geben den Weg der Dame an. Bei allen Formen dieser Art beschreiben die Partner jeweils für sich den gleichen Weg und beginnen in Gegenüberstellung. Bei der L- und U-Form kann man Rücken an Rücken beginnen und in Gegenüberstellung enden. Der Effekt der Karree-Form besteht darin, daß man in Gegenüberstellung beginnt und endet und dazwischen einmal umeinander herum-„wandert". Hierbei wird jedesmal beim Einkreuzen eine Viertellinksdrehung ausgeführt.

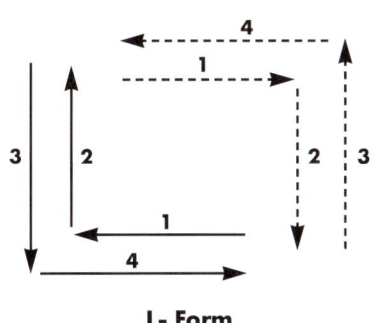

L- Form

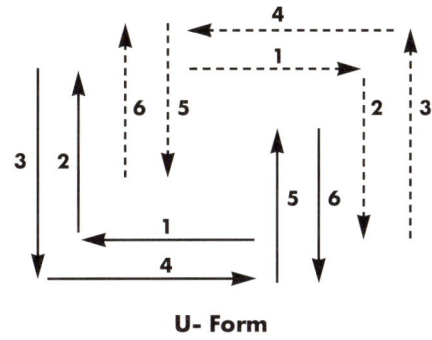

U- Form

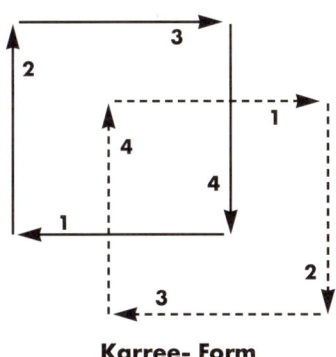

Karree- Form

Seitsprung

	ZÄHLWEISE	HERR	DAME
1	+	LF sw	
2	1	RF sw ohne Gewicht, Tap mit Ferse	
3	+	RF am Platz belasten	
4	2	LF kreuzt vor RF	Alle Bewegungen sind gegengleich, das heißt spiegelbildlich zum Herrn
5	+	RF sw	
6	3	LF sw ohne Gewicht, Tap mit Ferse	
7	+	LF am Platz belasten	
8	4	RF kreuzt vor LF	

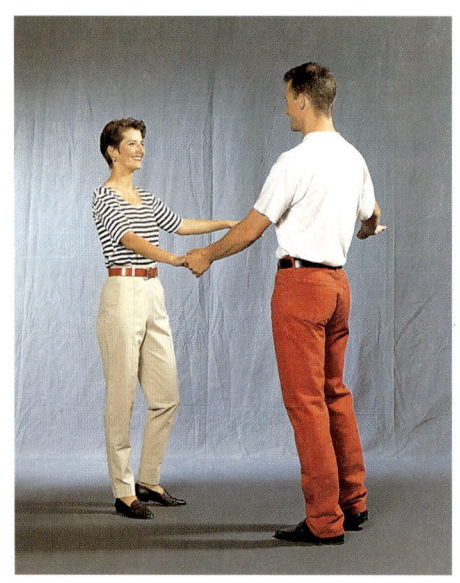

1

2

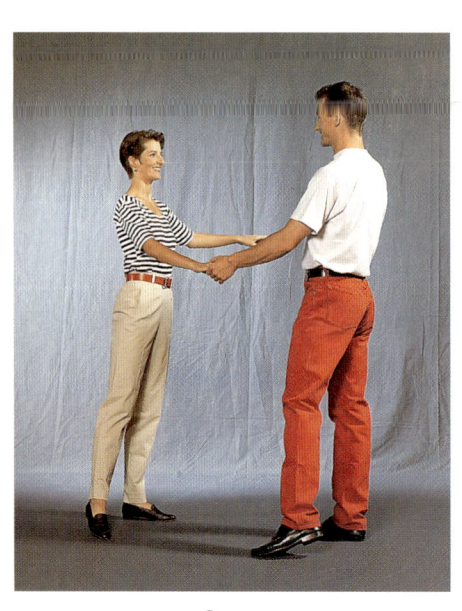

3

4

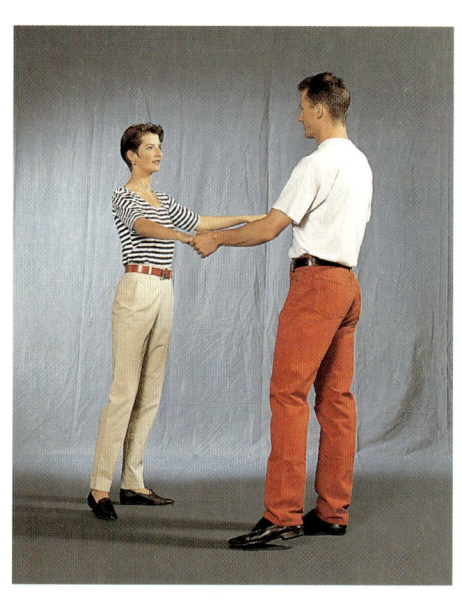

5

6

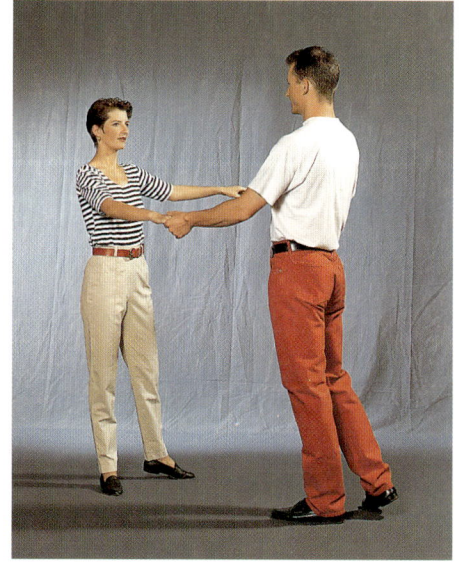

7

8

HALBAKROBATISCHE FIGUREN

Seine große Popularität verdankt der Rock 'n' Roll nicht zuletzt der Akrobatik. Doch trotz aller Lifts, Überschläge und anderer zirkusreifer Figuren ist und bleibt Rock 'n' Roll ein Tanz. Eine akrobatische Figur soll daher übergangslos aus dem Tanzen heraus entstehen und genauso nahtlos wieder in den Tanz einfließen.

Rock-'n'-Roll-Anfänger machen dagegen häufig den Fehler, sich gleich zu Beginn mit der spektakulären Seite dieses Tanzes zu beschäftigen. Ein Überschlag zum Beispiel ist zwar relativ leicht zu erlernen, doch ist es äußerst schwierig, ihn flüssig in den Tanz einzubauen. Die auf den folgenden Seiten beschriebene Halbakrobatik ist ein Teilbereich der Akrobatik und beinhaltet noch relativ einfache Hebefiguren, bei denen entweder aus eigener Kraft oder mit Hilfe des Partners Lifts, Sprünge oder ähnliches getanzt werden.

Kriterien für die Halbakrobatik

◆ Keiner der Partner darf mehr als eine halbe Drehung in der Luft, das heißt ohne Bodenkontakt, ausführen. Dies gilt gleichermaßen für waagrechte wie auch für senkrechte Körperdrehungen.

◆ Die Füße eines Partners dürfen sich nie höher als einer der beiden Köpfe befinden.

◆ Stops ab Schulterhöhe (stehend, sitzend, kniend oder liegend) sind nicht gestattet.

◆ Ebensowenig erlaubt sind alle Figuren, bei denen ein Partner über die Schulterlinie des anderen hinweg springt, gehoben oder geworfen wird.

Im Turniertanzen sind in der untersten Klasse zwar Figuren erlaubt, die über diese Definition hinausgehen, dies wird in der Figurenbegrenzung jedoch eigens aufgeführt und nochmals gesondert erklärt.

Die an sich noch leichten Figuren der Halbakrobatik werden den Anfänger in der Regel meist nicht überfordern. Trotzdem verlangen sie neben genauer Technik vor allem ein hohes Maß an Konzentration. Behalten Sie deshalb Ihre Konzentration und besonders Ihre Einstellung auf den Partner vom Eingangsschritt der Figur bis zum erneuten Tanzen des Grundschrittes ständig bei.

Da manche dieser Figuren bereits mit wenig Vorkenntnis „tanzbar" sind, schleichen sich durch Lässigkeit oder Nichtbeachten kleiner, jedoch wichtiger Details oft unnötige Fehler ein, die dann nicht selten zu Unfällen führen können. Grundvoraussetzung für eine sichere und gute Akrobatik sind:

◆ die Harmonie, das Aufeinandereingespielt-Sein des Paares,

◆ ein synchroner Eingangsschritt mit sicherer Vorbereitung und Führung durch den Herrn sowie

◆ die ständige geistige wie auch körperliche Spannung (keine Verkrampfung!) beider Partner.

Gymnastische Vorbereitung

Jedem Rock-'n'-Roll-Akrobaten sollte ein gründliches Aufwärmen vor der ersten Akrobatik, und sei sie noch so einfach, selbstverständlich sein. Hierzu stelle ich Ihnen auf den nächsten Seiten einige gymnastische Übungen vor. Langfristig gesehen, sollten Sie sich ein eigenes Gymnastikprogramm zusammenstellen. Der FALKEN Verlag hält geeignete Literatur zum Thema Gymnastik und Stretching für Sie bereit. Gleiches gilt auch für die Kondition. Konzentrationsmangel beruht größtenteils auf mangelnder Kondition. Wer sich trotz mangelnder Kondition in akrobatischen Höchstleistungen versucht, gefährdet nicht nur seine eigene Gesundheit, sondern auch die des Partners bzw. der Partnerin und handelt somit äußerst verantwortungslos!

Aufwärmen

Am einfachsten wärmen Sie sich durch Tanzen nach zwei oder drei Titeln Rock 'n' Roll auf. Natürlich ohne akrobatische Figuren! Danach schließen Sie einige gymnastische Übungen zur Verbesserung der Dehnfähigkeit und Beweglichkeit an. Beginnen Sie mit Übungen für den Kopf und „arbeiten" Sie sich langsam über Schultern, Arme, Rumpf und Beine bis zu den Füßen durch. Wollen Sie akrobatische Tanzelemente üben, dann möchte ich Ihnen die folgenden Partnerübungen empfehlen, die sich zudem hervorragend eignen, um sich an den Partner zu gewöhnen, um das Gleichgewichthalten zu üben oder gleichzeitig mit dem Partner springen zu lernen.

Tanzen im Rock-'n'-Roll-Grundschritt ist ein ideales Aufwärmtraining

Übungsbeispiele

Strecksprung. Diese Übung dient zur Vorbereitung einer **Saltobewegung** vorwärts oder rückwärts in der Luft, hoch über dem Kopf des Herrn. Dabei wird die Koordination des Absprungs und die Stabilisierung des Körpers geübt. Üben Sie zunächst mehrmals hintereinander Einstieg und Absprung, ohne die eigentliche Drehbewegung auszuführen, wobei mit einer zusätzlichen Armbewegung der Dame auf dem höchsten Punkt der Drehmoment angedeutet werden kann. Diese Übung hilft außerdem, den Sprung wirklich auf der Stelle auszuführen, das heißt, daß der Herr die Dame senkrecht nach oben drückt und nicht schon der Absprung schräg rückwärts oder seitwärts geht und somit die komplette Figur „entgleist".

Knieschwebestand. Der Herr nimmt eine leichte Seitgrätschstellung ein. Die Dame steigt mit Hilfe des Herrn auf dessen Oberschenkel.
1. Gleiche Blickrichtung: Die Dame streckt sich nach vorne und wird dabei vom Herrn an den Knien gehalten. Die Dame steht aufrecht.
2. Gegenüber: Gegenseitige Fassung einer Hand oder beider Hände. Beide lehnen sich so weit zurück, daß die Arme gestreckt sind.

Verkehrter Reiter. Der Herr steht waagerecht nach vorn gebeugt. Die Dame sitzt auf dem Rücken des Herrn, ihr Rücken ist seinem Rücken zugewandt. Die Dame beugt sich mit gestreckten Armen nach vorn, bis sie in einer Art **Shalom-Bewegung** mit den Händen den Boden berührt. Ihre Beine strecken sich – rechts und links an den Beinen des Partners vorbei – diesem mit den Fersen entgegen. Der Herr drückt die Dame an den Fersen wieder nach oben, bis sie wieder im verkehrten Reitersitz auf dem waagerechten Rücken des Herrn sitzt. Abgang durch Abrutschen: Dazu richtet sich der Herr langsam auf.

Wiegemesser. Dame und Herr stehen Rücken an Rücken, Arme ineinander gehakt.
1. Gegengleiches Vorbeugen des Rumpfes. der Partner liegt entspannt auf dem Rücken.
2. In dieser Haltung hebt und streckt der gehobene Partner die geschlossenen Beine nach oben.
3. Dame und Herr stehen Rücken an Rücken. Der Herr umfaßt die Dame an den Handgelenken. Dann beugt er sich vor, die Arme in Hochhalte bis zum Berühren des Bodens mit den Händen. Abgang der Dame durch Handstand mit Überschlag.

Tragen im Flechtergriff. Der Herr verschränkt die Hände im Rücken, die Dame steigt mit einem Fuß hinein, hält sich mit beiden Händen an den Schultern des Herrn. Der Herr beginnt langsam zu gehen, steigert die Bewegung bis zum Laufen. Die Dame kann versuchen, sich nur mit einer Hand oder gar nicht festzuhalten.
2. Die gleiche Übung vor dem Körper des Herrn.

Salto vorwärts. Für diese Übung brauchen Sie unbedingt zwei Helfer. Die Helfer stehen in Gegenüberstellung und fassen die in der Mitte stehende Dame (Ellbogen angewinkelt) mit einer Hand in der Ellbeuge, mit der anderen Hand am Oberarm. Nach zweimaligem gemeinsamen Anwippen springt die Dame ab und macht eine Rolle vorwärts mit Anhocken der Beine bis in Stirnnähe. Diese Rolle ist auch rückwärts mit entsprechendem Griffwechsel der Helfer möglich.

Schultersitzübung. 1. Aufsteigen von hinten. Der Herr behält die Hände zum Flechtergriff rücklings gefaßt. Die Dame steigt von hinten mit einem Fuß in die verschränkten Hände zum Sitz auf die Schulter des Herrn auf.

2. Aufsteigen von vorne. Gegenüberstellung im Kreuzgriff (rechts über links). Die Dame steigt mit dem linken Fuß auf den gebeugten linken Oberschenkel des Herrn, schwingt mit einer halben Linksdrehung das rechte Bein über die rechte Schulter und hebt das linke Bein in den Schultersitz nach.

3. Aufsteigen zum Schultersitz. Die Dame steht vor dem Herrn mit leicht gegrätschter Beinstellung. Der Herr beugt sich nach vorne, nimmt den Kopf zwischen die Beine der Dame und hält sie an beiden Unterschenkeln fest. Durch das Aufrichten des Herrn wird die Dame in die Schultersitzposition gehoben.

LASSO

AUSGANGSPOSITION
Dame an der rechten Seite des
Herrn, gleiche Blickrichtung (oder
Dame in rechtem Winkel zum
Herrn).

Rechte Herrenhand unter der
linken Achsel der Dame. Linke
Herrenhand und rechte Damenhand
gefaßt, wobei die Dame ihren
rechten Arm (durchgedrückt) an
ihrer rechte Seite hält.

 Lasso

	ZÄHLWEISE	HERR	DAME
	1	LF rw	RF rw
	2	RF vw	LF vw
1	3	LF (kleiner Schritt) sw leicht ins Knie gehen	RF schließt zum LF, leicht ins Knie gehen
2	4	Dame mit beiden Armen	Mit der linken Hand
3	5	hochheben und mit	auf der rechten
4	6	einer Drehbewegung (1/2 Drehung) in Gegen-überstellung wieder absetzen	Schulter des Herrn abdrücken und hochspringen

ENDE
In Gegenüberstellung, linke Herrenhand, rechte Damenhand gefaßt.

FÜHRUNG
Die Drehung der Dame ist Sache des Herrn. Die Dame konzentriert sich auf das Hochspringen, wobei sie versucht, besonders den Anfang mit ihrer eigenen Sprungkraft zu meistern. Erst dann setzt die Unterstützung des Herrn ein. Das Gleichgewicht hält die Dame durch den durchgedrückten rechten Arm und durch das Abdrücken mit der linken Hand auf der rechten Schulter des Herrn.

TIPS ZUM ÜBEN
Üben Sie zunächst nur das Hochspringen, und versuchen Sie dabei, die Dame oben festzuhalten. Erst wenn hier genügend Höhe erreicht werden kann, sollte die Drehung dazukommen.
Es gibt verschiedene Möglichkeiten, das **Lasso** zu tanzen. Wird die Figur **Platzwechsel Tor** mit einem Sprung für die Dame getanzt, wobei der Herr die Dame an ihrem rechten Arm über seinen Kopf hebt, so bezeichnet man diese Figur als **Arm-Lasso.**

1

2

3

**Sprung- und Drehbewegung
der Dame beim Lasso**

4

SHALOM

VORHER

Alle Figuren, bei denen die Dame
mit dem Rücken zum Herrn endet,
bzw. die sich so beenden lassen.
(Halbe Rechts- bzw. Linksdrehung
der Dame.)

AUSGANGSPOSITION

Herr hinter Dame. Gleiche
Blickrichtung.

ZÄHLWEISE		HERR	DAME
1	1 2	Der Herr umfaßt die Dame mit beiden Händen an der Hüfte bzw. in der Taille	Die Dame grätscht den Herrn rückwärts an und überkreuzt die Beine auf dem Rücken des Herrn, so daß sie auf seinem Brustkorb sitzt
2	3 4	Der Herr kippt mit dem Oberkörper nach vorne ab, so daß die Dame eine tiefe Verbeugung (Shalom) macht, ohne dabei mit den ausgestreckten Händen den Boden zu berühren	Sie kippt nach vorne ab
3	5 6 7 8	Der Herr hebt die Dame an den Hüften gefaßt gestreckt nach oben und setzt sie vor dem Körper wieder ab	Die Dame löst die gekreuzte Fußposition in der Aufwärtsbewegung, zieht die Beine an (Hocke), löst sich aus der Haltung des Herrn und springt in eine Gegenüberposition (1/2 Drehung)

1

2

Shalom

3

KNIESITZ

KNIESITZ EINFACH

AUSGANGSPOSITION
Dame an der rechten Seite des Herrn, beide gleiche Blickrichtung (oder auch im rechten Winkel zueinander).

Rechte Herrenhand an der rechten Seite (Taille) der Dame. Linke Herrenhand und rechte Damenhand gefaßt. Linke Damenhand liegt auf der rechten Schulter des Herrn.

Kniesitz einfach

ZÄHLWEISE	HERR	DAME
1	LF rw	RF rw
2	RF am Platz belasten	LF am Platz belasten
3	LF (kleiner Schritt) sw (Grätschstellung)	RF schließt zum LF, leicht ins Knie gehen
4	Dame auf den rechten Oberschenkel setzen,	Auf den rechten Oberschenkel des Herrn
5	dabei rechts leicht ins Knie gehen	springen. Linke Schulter zeigt zum Herrn, Knie sind angezogen, so daß die Dame mit den Schienbeinen auf dem Oberschenkel des Herrn sitzt
6	Zurückheben der Dame	Abdruck vom rechten
7	in die Ausgangsposition	Oberschenkel des Herrn.
8	(mit Arm- und Hüftbewegung)	Zurückspringen, beidbeinige Landung

ENDE

Nebeneinanderstellung, gleiche Blickrichtung.
Diese Figur ist auch auf einer halben Drehung linksherum auf 6–8 für die Dame zu tanzen, so daß die Dame am Ende in Gegenüberstellung vor dem Herrn landet.

1

DOPPELTER KNIESITZ

1. Teil wie beim **einfachen Kniesitz,**
dabei eine halbe Linksdrehung am
Ende (bei 7–8).

ENDPOSITION
NACH DEM 1. TEIL
Gegenüberstellung, Dame leicht
nach rechts versetzt.

Doppelter Kniesitz

ZÄHLWEISE		HERR	DAME
	1–8	Wie beim „Einfachen Kniesitz", dabei 1/2 Links-drehung bei 7–8	
1	9–10	Dame auf den rechten Oberschenkel heben, dabei leicht ins Knie gehen	Dame springt auf rechten Oberschenkel des Herrn. Rechte Schulter zeigt zum Herrn
2	11–12	Dame wegheben und in Gegenüberstellung führen	Dame drückt sich vom Oberschenkel des Herrn ab und springt zurück in Gegenüberstellung

ENDPOSITION
NACH DEM 2. TEIL
Offene Gegenüberstellung, linke
Herrenhand und rechte Damenhand
gefaßt.

TIPS ZUM ÜBEN
Beim doppelten Kniesitz sollten Sie
zuerst den einfachen Kniesitz
mehrmals üben, und dann erst den
zweiten Sprung (9–12). Wenn Sie
beide Teile einzeln beherrschen,
können Sie sie von 1–12 zusammensetzen und durchtanzen.

1

2

Doppelter Kniesitz

DURCHZIEHEN

AUSGANGSPOSITION
Kreuzhandhaltung, an den Handgelenken gefaßt. (Vor dem Zufassen zeigen die rechten Handflächen von Dame und Herr nach oben und ihre linken Handflächen nach unten.) Jede andere Doppelhandhaltung ist ebenfalls möglich.

Durchziehen

	ZÄHLWEISE	HERR	DAME
1	1	LF rw	RF rw
	2	RF am Platz belasten	LF am Platz belasten
	3	LF (kleiner Schritt) vw	RF schließt zum LF, Einnehmen der Hockstellung
2	4–5	1/2 LD, dabei schwingt das rechte Bein über den Kopf der Dame	Gehockte Position halten
3	6	RF belasten Grätschstellung (gefaßte Hände zwischen den Beinen des Herrn)	
4	7–10	Dame zwischen den Beinen durchziehen und je nach Schwung hochheben und drehen	Dame legt sich leicht zurück und läßt sich mit den Füßen zuerst zwischen den Beinen des Partners durchziehen. Möglichst gespannte Körperhaltung (Kopf zurücknehmen).
5			Bei 9–10 springt die Dame hoch in eine 1/2 LD

1

2

ENDE
Gegenüberstellung in Doppelhandhaltung.

FÜHRUNG
Wichtig ist für diese Figur die
korrekte Handhaltung zu Beginn.
Achten Sie darauf, daß, bevor Sie
sich an den Handgelenken festhalten, die rechte Handfläche nach
oben und die linke nach unten
zeigt. Nur so ist gewährleistet, daß
nach dem Durchziehen und Drehen
die Dame wieder in Doppelhandhaltung vor dem Herrn steht.

VARIATIONEN
Beim Durchziehen kann die Dame
nur mit einem Bein durch die
gegrätschten Beine des Herrn
gleiten. Der andere Fuß ist schräg
nach oben weggestreckt.

3

4

5

HÜFTSITZ

HÜFTSITZ

AUSGANGSPOSITION
Offene Gegenüberstellung, die
Dame faßt den Herrn mit Flechter-
griff im Nacken. Der Herr hält die
Dame mit beiden Händen am
Hüftknochen.

ENDE
Offene Gegenüberstellung.

Hüftsitz

	ZÄHLWEISE	HERR	DAME
	1	LF rw	RF rw
	2	RF am Platz belasten	LF am Platz belasten
	3	LF leicht sw	RF schließt zum LF, leicht ins Knie gehen
1	4–6	Dame auf die linke Hüfte setzen (oder Oberschenkel)	Sprung zum Sitz auf die linke Hüfte des Herrn (Oberschenkel), Beine geschlossen und gestreckt im rechten Winkel zum Oberkörper
2 3	7–8	Dame von der linken Seite an die rechte Seite (Hüfte oder Ober- schenkel) schwingen	Herumführen der Beine zum Hüftsitz an die rechte Seite des Herrn (Ober- schenkel), Beine gestreckt halten
	9–10	Dame in Ausgangs- stellung zurückheben	Anziehen der Knie bis zur Hocke, zurückspringen in Gegenüberstellung, beidbeinige Landung

1

2

FÜHRUNG

Die in der Ausgangsposition zum Hüftsitz beschriebene Handhaltung wird beim fortgeschrittenen Tänzer erst auf dem dritten Schritt eingenommen. Beim Wechsel von der rechten auf die linke Seite (7–8) drückt die Dame mit beiden Armen auf die Schulter des Herrn. Ebenso bei 9–10 beim Abgang.

ANMERKUNG

Bei schneller Musik oder bei verzögertem Wechsel von rechts nach links ist diese Figur auf zwölf oder vierzehn Taktschläge auszudehnen. Außerdem ist es möglich, die Dame zwischen dem Hüftsitz links und rechts in Gegenüberstellung abzusetzen.

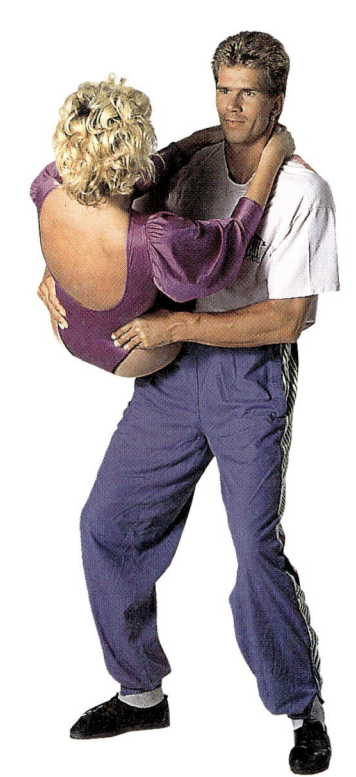

3

GRÄTSCHE

Grätschsitz

AUSGANGSPOSITION

Offene Gegenüberstellung, Handhaltung wie beim **Hüftsitz.**

 Grätschsitz

	ZÄHLWEISE	HERR	DAME
	1	LF rw	RF rw
	2	RF am Platz belasten	LF am Platz belasten
	3	LF leicht sw, leichte Grätschstellung	RF schließt zum LF, leicht ins Knie gehen
1 **2**	4–6	Dame auf die Hüften setzen. Hüften leicht zurücknehmen (Oberkörper nach vorne beugen)	Sprung mit gegrätschten Beinen zum Sitz auf die Hüften des Herrn
	7–10	Aufrichten, Hochheben der Dame	Abdrücken mit beiden Armen und Anziehen der Knie bis zur Hocke in der Luft, beidbeinige Landung

ENDE

Offene Gegenüberstellung.

FÜHRUNG

Der fortgeschrittene Tänzer nimmt
wie beim **Hüftsitz** die Handhaltung
erst auf dem dritten Schritt ein. Die
Dame drückt sich mit beiden Unter-
armen von den Schultern des Herrn
bei 7–8 ab.

1

TIPS ZUM ÜBEN

Tanzen Sie anfangs vor und nach
jeder halbakrobatischen Figur einen
Grundschritt, und üben Sie diesen
Teil zuerst ohne Musik. Zählen
Sie jedoch dabei in Gedanken die
Taktschläge mit. Beim Üben mit
Musik sollten Sie besonders darauf
achten, daß es nahtlos und ohne
Stop mit dem Tanz weitergeht (im
Takt natürlich).

2

Diese Figur zählt zu den einfachsten der halbakrobatischen Figuren überhaupt und existiert in mehreren Versionen. Die nachfolgende Darstellung beschreibt **Tote Frau**. Tauschen Herr und Dame ihre Rollen aus, so gilt der Name **Toter Mann**.

VORHER
American Spin oder **Damensolo**, jeweils mit einer halben Drehung.

AUSGANGSPOSITION
Schattenposition (Dame mit dem Rücken zum Herrn). Beide haben die Füße geschlossen. Die Dame hält ihre Arme gestreckt seitwärts. Der Herr hält seine Arme vorwärts in Richtung Oberarme der Dame **2**.

Tote Frau / Toter Mann

ZÄHLWEISE			HERR	DAME
1.Teil **1**	1 2 oder 3 4	1 + 2 +	Ein Bein rw nehmen, die Dame mit beiden Armen auffangen	Mit geradem Körper rückwärts fallen, Arme seitwärts halten
2.Teil **2**	5 6 oder 7 8	3 + 4 +	Dame aufrichten, Füße schließen	Körperspannung halten

ENDE
Schattenposition (wie Ausgangsposition).

NACHHER
Zum Beispiel **Tausendfüßler**.

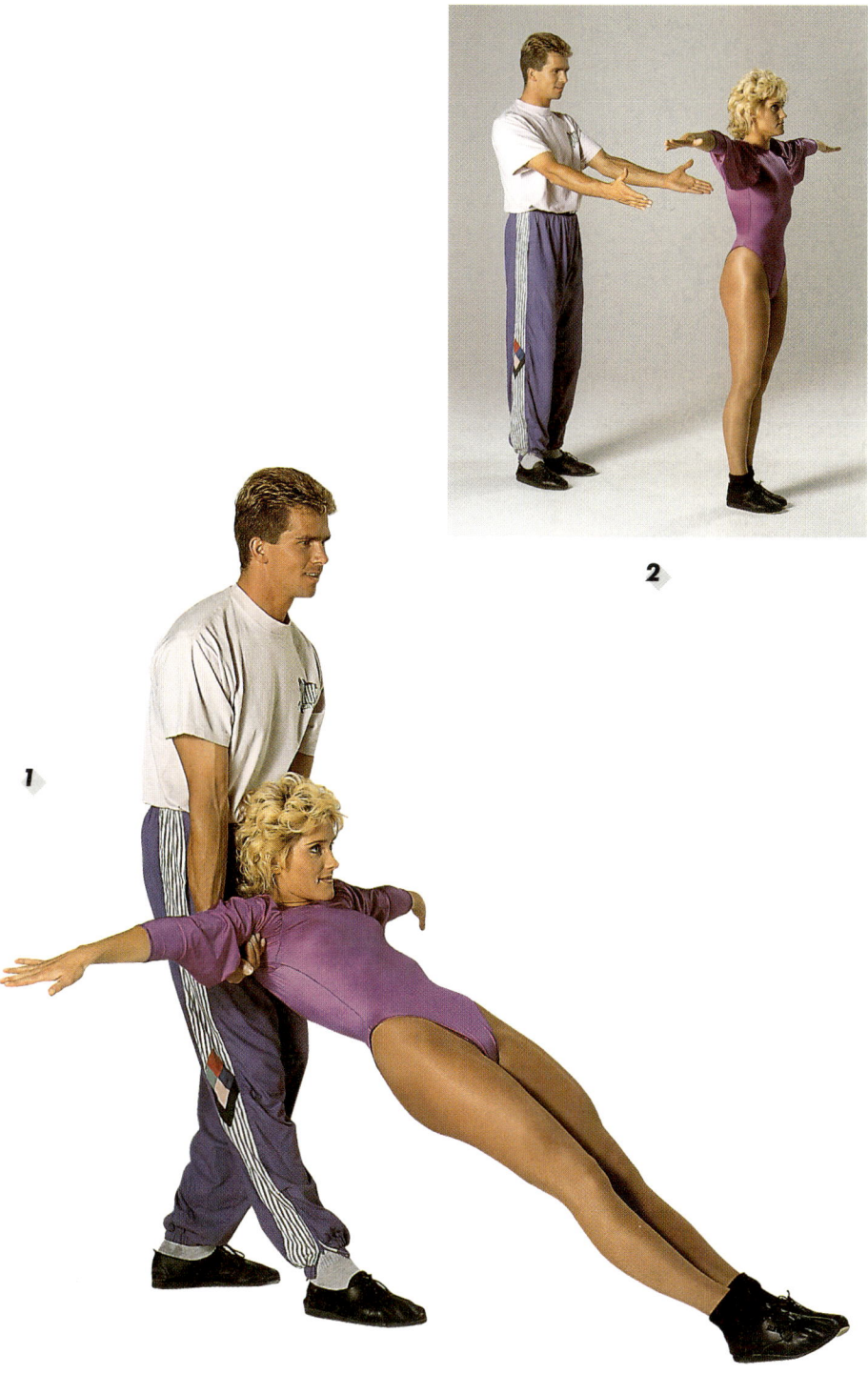

2

1

TELLER

Der **Teller** stellt eine der effektvoll-
sten Figuren dar. Hier wird im
allgemeinen immer nur der Ein-
oder Ausgang variiert.

VORHER

American Spin oder **Damensolo**, mit
jeweils einer halben Drehung oder
Tote Frau bis zum ersten Teil oder
(Unten-)**Durchziehen** (ohne Drehung).

Teller 1. und 2. Teil

ZÄHLWEISE	HERR	DAME
1. Teil Freibleibend z.B. 1 Drehung auf 2 Takt- schläge	Beide Hände bilden Hakenform und greifen unter die Achseln der Dame, beide Arme hängen gestreckt nach unten	Oberarme stabil seitwärts halten. Beine im rechten Winkel zum Oberkörper halten (Sitzposition)
2. Teil **1** **2** **3**	Nach einer Aushol- bewegung die Beine der Dame um die Körper- längsachse kreisen lassen, dabei den rotierenden Beinen durch Übersteigen ausweichen	Beine immer gestreckt und nahezu parallel über den Boden kreisen

Das Kreisen (Teil 2) kann beliebig
oft ohne Unterbrechung wiederholt
werden.
Teller 3. Teil = Wie der 2. Teil der
Figur **Tote Frau**.

1

ENDE

Schattenposition oder Gegenüberstellung (je nach Version vom
3. Teil).

2

NACHHER

Tote Frau. Unter den vielen möglichen Auflösungen gibt es noch eine
Methode, die sehr beliebt ist. Dabei
dreht sich der Herr mit einer halben Drehung in die gleiche Drehrichtung, in der die Beine der Dame
rotieren, aber erst in dem Augenblick, in dem sich die Beine der
Dame vor dem Körper des Herrn
befinden. Die Dame zieht dann
ihre Beine stark an, und wird mit
einer zusätzlichen halben Drehung
(in der gleichen Drehrichtung wie
zuvor) hochgeworfen, so daß sie
in offener Gegenüberstellung
landen kann.

3

Die Möglichkeit, diese Figur sehr hoch auszuführen, hat sie zu einer der beliebtesten gemacht. Als Voraussetzung sollten Sie das **Lasso** schon gut beherrschen (vgl. Seite 100).

VORHER
Alle Figuren, die in offener Gegenüberstellung enden.

AUSGANGSPOSITION
Geschlossene Gegenüberstellung, der Herr greift mit seiner rechten Hand unter die linke Achsel der Dame. Rechte Hand der Dame, linke Hand des Herrn sind gefaßt.

ENDE
Offene Gegenüberstellung.

Winterthur

ZÄHLWEISE		HERR	DAME
	+	Am Platz	Am Platz
	1	(Kick Ball Change)	(Kick Ball Change)
	+		
	2		
1	+	Leichte Grätschposition	RF schließt zu LF
	3	(LF sw)	Beide Knie beugen
	+	Beide Knie stark beugen,	Kräftig nach oben
2	4	Dame mit beiden Armen	springen, mit beiden
	+	nach oben drücken, mit	Armen stark nach unten
	5	gestrecktem RA Dame	abdrücken, um über den
	+	rechtsherum drehen,	LA des Herrn zu
	6	dabei RH lösen (bis zu	kommen
		einer ganzen Drehung)	

1

2

NACHHER

Alle Figuren aus offener Gegenüberstellung. Wenn die Dame den
linken Arm des Herrn überspringt,
müssen beide Partner ihre Arme
vollkommen gestreckt haben; und
die Dame sollte ihre Fußspitzen
hochgezogen haben.
Sollte die Figur eventuell mißlin-
gen, so muß der Herr sofort die
linke Hand und die Dame die
rechte Hand lösen.

KOMBINATIONEN

Die Zusammenstellung verschiedener Figuren aus der **Halbakrobatik,** und später auch aus der **Akrobatik,** zu einem durchgehenden Bewegungsablauf bezeichnet man als **Kombination.** Im Turniersport hat eine Kombination einen höheren Schwierigkeitsgrad als die getrennte Ausführung ihrer Elemente und wird somit besser bewertet. Dabei ist es notwendig, daß ein gleichmäßiger Bewegungsablauf in einem gewissen Rhythmus und im Tempo der Musik gewährleistet ist. Kraftakte fallen nicht mehr in den Bereich der Tanzakrobatik.
Die folgenden Beispiele zeigen einige Kombinationsmöglichkeiten aus den bisher beschriebenen Figuren.

Kombination A
Grätschsitz
Kniesitz rechts (oder doppelt: rechts und links)

Kombination B
Tote Frau
Teller
Tote Frau

Kombination C
(Unten-)Durchziehen
Teller
Tote Frau

Kombination D
Kniesitz
Lasso (oder Winterthur)

AKROBATIK

Für die **Akrobatik** gilt im Grunde alles, was Ihnen bereits in der Einführung der **Halbakrobatik** beschrieben wurde. Eins sollten Sie allerdings beherzigen, tanzen Sie eine akrobatische Figur niemals ohne Hilfestellung, solange Sie sie noch nicht wie im Schlaf beherrschen. Arbeiten Sie zu Ihrer Sicherheit beim Training mit Matten oder einer Longe. Akrobatische Figuren lassen sich im Sommer beispielsweise auch sehr gut am Strand im hüfttiefen Wasser ausprobieren. Und – üben bzw. tanzen Sie am besten die Akrobatik nur mit einem eingetanzten Partner!

Richtiges Schuhwerk und richtige Kleidung sollten selbstverständlich sein. Turnschuhe, Gymnastikschuhe oder auch spezielle Rock-'n'-Roll-Schuhe gewährleisten, daß der Herr optimalen Halt hat und die Dame bei Ab- und Aufsprung nicht rutscht. Eine dehnbare leichte Bekleidung wie beispielsweise Gymnastik- oder Trainingsanzüge gibt Ihnen die notwendige Bewegungsfreiheit. Normale Straßenkleidung oder für die Dame ein Rock sind für die Akrobatik gänzlich ungeeignet. Legen Sie bitte auch jeglichen Schmuck wie Halskettchen, Ohrringe, Ringe, Uhren oder andere harte, spitze Gegenstände wie Gürtelschnallen usw. vor dem Tanzen ab. Wie schon bei der Halbakrobatik erwähnt, haben auch akrobatische Tanzfiguren nichts auf der kleinen beengten Tanzfläche einer Diskothek zu suchen.

Um die Verletzungsgefahr so gering wie möglich zu halten, sollten Sie die Akrobatik nur unter der Anleitung eines Trainers bzw. Tanzlehrers üben. Er zeigt Ihnen, wie Sie die Figur in einzelne Etappen zerlegen, um sie so einfacher lernen zu können. (Zum Beispiel: erst heben, dann drehen usw.) Die richtige Technik erleichtert in der Akrobatik so einiges. Der richtige Griff, das Heben und die Drehungen im richtigen Augenblick, lassen diese spektakulären Figuren geradezu spielerisch

einfach aussehen. Akrobatik im Rock-'n'-Roll-Tanz muß auch nicht unbedingt Schwerstarbeit für den Herrn bedeuten, durch Technik und Sprungkraft der Dame kann der Herr seine Kraft genau im entscheidenden Augenblick einsetzen. Somit gewinnt nicht selten selbst eine schwierige Figur enorm an Höhe.

Bei der Beurteilung der einzelnen Figuren liegt die exakte Ausführung an erster Stelle. Diese Exaktheit garantiert nicht nur eine gewisse Ästhetik, sondern auch die notwendige Sicherheit, das oberste Gebot einer jeden (auch Halb-)Akrobatik. Sicherheit erreicht man nur durch systematisches Training sowie per sinnvoller Anleitung. Wird die Figur technisch so beherrscht, daß sie zu jedem Zeitpunkt fehlerfrei ausgeführt werden kann, dann kann das Tanzpaar dazu übergehen, sie dem Tempo der Musik anzupassen. Dabei läßt sich aber die Geschwindigkeit der Ausführung einer Figur nicht beliebig steigern – denn nach der Akrobatik soll sofort ohne Verzögerung weitergetanzt werden können, ohne daß auch nur ein Taktschlag Pause entsteht oder diese durch einen Zwischensprung ausgefüllt werden muß. Dies gilt selbstverständlich genauso für den jeweiligen Eingangsschritt zu der entsprechenden Figur. Musikalität sollte auch bei der Akrobatik sichtbar werden, das heißt, der Tanz sollte seinen Fluß beibehalten und im Takt sein. Denn der Tanz, nicht aber die Akrobatik steht beim Rock 'n' Roll an erster Stelle!

Aus der Vielzahl der akrobatischen Figuren habe ich Ihnen die gängigsten herausgesucht. Die Namen der Figuren sind unter Umständen von Nation zu Nation unterschiedlich und sogar innerhalb Deutschlands verschieden. Häufig wurden die Figuren nach den Tänzern, die sie zum ersten Mal zeigten, oder nach den Turnierorten, wo die Tanzfiguren zum ersten Mal getanzt wurden, benannt.

Auf eine Zählweise wie in den vorangegangenen Kapiteln haben wir außer bei den Ein- und Ausgängen verzichtet, da je nach Temperament der Tänzer, Höhe der Figur und Tempo der Musik eine akrobatische Figur verschieden lang getanzt werden kann. Sie können eine akrobatische Figur immer innerhalb der geraden Taktschläge beenden, also bei Takt 4, 6, 8, 10, 12 usw., so daß der Tanz stets wieder bei 1 begonnen wird. Bevor nun die Figuren genau beschrieben werden, noch einmal die wichtigsten Punkte:

1. Bereiten Sie sich gymnastisch vor, wärmen Sie sich auf und trainieren Sie unter Anleitung.
2. Üben Sie nur mit eingetanztem Partner.
3. Trainieren Sie immer nur in geeigneter Kleidung und entsprechenden Schuhen.
4. Bei schwierigen Figuren ist eventuell eine weitere Person zur Hilfestellung erforderlich.
5. Verwenden Sie Hilfsmittel (Matten, Longe).
6. Zerlegen Sie die Figur in Etappen, und üben Sie diese einzeln.
7. Tanzen Sie Akrobatik nie auf voller Tanzfläche.
8. Trainieren Sie akrobatische Figuren nur dann, wenn beide Partner völlig gesund sind und eine entsprechende Konzentration gewährleistet werden kann.
9. Sprechen Sie während der Akrobatik nicht.
10. Eine akrobatische Figur niemals abbrechen! Auch wenn die Figur einmal nicht klappt, sollten Sie sie auf jeden Fall zu Ende führen.

Der **München** ist die sicherste Art eines Überschlages. Aufgrund der kompakten Tanzhaltung sollte er vom ungeübten Rock 'n' Roll-Tänzer jedenfalls als erste der akrobatischen Figuren probiert werden. Wie auch bei allen anderen Figuren sollte zu Anfang immer mindestens eine Person zur Hilfestellung da sein. Später, wenn Sie die Figur einmal beherrschen, ist das nicht mehr notwendig.

AUSGANGSPOSITION

Gegenüberstellung, der Herr legt die rechte Hand auf die linke Schulter der Dame. Seine linke Hand liegt von oben auf der rechten Schulter oder dem rechten Oberarm der Dame. Die Dame legt die rechte Hand auf die linke Schulter des Herrn **1**. Ihre linke Hand liegt auf dem rechten Unterarm des Herrn.

ENDE

Offene Gegenüberstellung, linke Herrenhand, rechte Damenhand gefaßt.

HILFESTELLUNG

Der Hilfestellung Leistende steht links neben der Dame; er hält mit seiner rechten Hand von oben die linke Armbeuge der Dame und unterstützt mit der linken Hand die Drehbewegung der Dame an ihrem linken Oberschenkel.

Der **München** kann ebenfalls auf der linken Seite des Herrn getanzt werden. Außerdem kann auch die Dame den Herrn werfen.

1

München

ZÄHLWEISE	HERR	DAME
1	LF rw	RF rw
2	RF am Platz belasten	LF vw
3	LF vw	RB Kick
4	RF zur Seite. Der Herr schiebt seine rechte Hüfte hinter die rechte Hüfte der Dame, geht dabei leicht ins Knie und hebt die Dame mit der Hüfte in einen Rückwärtssalto. Der rechte Oberarm des Herrn, um den sich die Dame dreht, bleibt möglichst waagerecht. Die Handhaltung beider Partner bleibt bis über den Scheitelpunkt des Wurfes bestehen. Danach kann der Herr die Haltung der rechten Hand lösen. Die Drehung der Dame unterstützt der Herr mit der rechten Schulter und dem rechten Oberarm. Am Ende der Drehung setzt der Herr die Dame vor sich ab	RF schließt zum LF. Die Dame führt eine Rolle rw über den Rücken des Herrn aus. Sie zieht die Knie an, macht einen runden Rücken. Zur Landung werden die Beine wieder gestreckt. Die Dame kann die Handhaltung nach Überwindung des Scheitelpunktes sowohl rechts als auch links lösen

2 ◢

3 ◢

4 ◢

2

3

4

Der **Sagi** ist die Weiterentwicklung des **München** und wird vom Ablauf her ganz genauso getanzt wie der **München,** durch die andere Hand-haltung jedoch ist es möglich, den Wurf flüssiger, höher und dadurch spektakulärer auszuführen.

AUSGANGSPOSITION
Offene Gegenüberstellung, linke Herrenhand und rechte Damenhand sind in „verkehrter Tanzhaltung" gefaßt. Die Finger des Herrn liegen zwischen den Fingern und dem Daumen der Dame, so daß beim Zufassen die beiden Daumen über-kreuzt sind **1**. Diese Handhaltung wird als „Sagi-Haltung" bezeichnet.

ENDE
Gegenüberstellung, linke Herren-hand und rechte Damenhand gefaßt.

HILFESTELLUNG
Wie beim **München**.
Der **Sagi** kann genauso auf der linken Seite des Herrn getanzt werden, und wieder kann die Dame auch den Herrn werfen.

1

ZÄHLWEISE	HERR	DAME
1	LF rw	RF rw
2	RF leicht vw	LF vw
3	LF vw	RF schließt zum LF
4	RF zur Seite (Grätsch-	Die Dame steht hinter dem
	stellung). Der Herr	Herrn. Sie springt mit
	schiebt seine rechte	beiden Beinen nach oben
2	Hüfte hinter die rechte	ab, durch schnelles und
	Hüfte der Dame, um-	kräftiges Anziehen der
	faßt mit seiner rechten	Knie leitet sie den Rück-
	Hand von vorne die	wärtssalto ein. Der linke
	linke Seite der Dame.	Damenarm liegt auf dem
	Er geht dabei leicht in	rechten Oberarm des
3	die Knie. Der Herr hebt	Herrn. Die rechte Damen-
4	die Dame durch	hand drückt kräftig
5	Streckung der Knie und	gegen die linke Herren-
	Hüftbewegung sowie	hand (höherer Wurf).
	durch Anheben des	Vor Vollendung der
	rechten Oberarmes in	Drehung streckt die
	den Rückwärtssalto. Die	Dame die Beine aus
6	Drehung gewinnt durch	und landet beidbeinig
7	Hochdrücken der linken	auf den Fußballen
	Hand an Höhe	

2

3

4

5

6

7

Dieser Überschlag wird leider oft als die einfachste akrobatische Tanzfigur angesehen und daher von Laien oft ohne die entsprechende Sachkenntnis probiert. Ein exakter Bewegungsablauf und genügend Körperspannung der Dame sind für diese Figur Voraussetzung.

AUSGANGSPOSITION

Rücken an Rücken, Arme in Hochhalte. Der Herr faßt beide Hände oder beide Handgelenke der Dame. Der Herr steht in leichter Grätschstellung, die Dame hat die Füße geschlossen.

ENDE

Gegenüberstellung, Doppelhandhaltung.

Überschlag Rücken an Rücken

	HERR	DAME
	Der Herr geht leicht in	Die Dame führt eine
1	die Knie und schiebt	Rückwärtsrolle über den
2	sein Gesäß unter das	Rücken des Herrn aus.
1	Gesäß der Dame. Er hält	In der ersten Phase der
4	die Dame mit den ge-	Drehung ist sie stark ange-
2	faßten Händen hoch	hockt. Auf dem höchsten
	und beugt den Ober-	Punkt der Drehung kann
	körper nach vorne.	sie in die Streckung des
3	Wenn die Dame den	ganzen Körpers übergehen.
4	Scheitelpunkt überwun-	Die Dame landet beid-
5	den hat, richtet der Herr	beinig auf den Fußballen,
	den Oberkörper auf. Um	in Gegenüberstellung vor
	mehr Höhe zu erreichen,	dem Herrn
	kann er mit beiden	
	Armen die Dame nach	
	oben wegdrücken	

1

2

3

5

4

Die **Kehre** (früher **Käskehre** genannt) ist einer der wenigen Vorwärtssalti, die bisher in der Rock-'n'-Roll-Akrobatik vorkommen. Einigen könnte diese Figur aus ihrer Kindheit bekannt sein, deshalb hat sie auch schon den Namen **Kindersalto** bekommen.

VORHER
Alle Figuren, die in einer offenen Gegenüberstellung enden.

AUSGANGSPOSITION
Offene Gegenüberstellung, beide Tänzer in Grätschposition.

Kehre

	HERR	**DAME**
1.Teil **1**	Mit beiden Händen die Hände der Dame von außen fassen, Oberschenkel gegen die Schultern der Dame drücken	Oberkörper rechtwinklig zu den gestreckten Beinen beugen, Schultern gegen die Oberschenkel des Herrn drücken, Handrücken zueinander, die Arme zwischen den Oberschenkeln nach hinten durchstrecken
2.Teil **2** **3**	Mit Unterstützung der Oberschenkel die Dame in einer Vorwärtsrolle nach oben ziehen	Mit Spannung im ganzen Körper die Position aus dem ersten Teil halten
4	Nach Vollendung der Drehung die Dame mit den Unterarmen gegen die Oberschenkel der Dame hochdrücken (Weiterführung der Aufwärtsbewegung)	Sitzposition am höchsten Punkt auflösen, Beine schließen, Landung abfedern

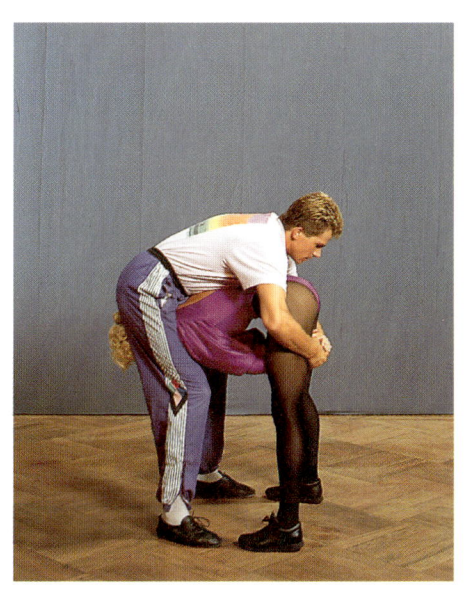

1

2

3

4

Diese Figur hat einer gesamten Gruppe, den sogenannten **Wickelfiguren,** den Namen gegeben. Man versteht darunter alle Figuren, bei denen die Dame eine oder mehrere Drehungen am Körper (um die Längsachse) des Herrn ausführt. Dazu gehören auch die später beschriebenen Figuren **Kugel** und **Dulaine.** Verglichen mit den Salti werden diese Figuren wesentlich seltener getanzt. Obwohl sie nicht nur aufgrund ihres teilweise höheren Schwierigkeitsgrades reizvoll sind, bringen sie darüber hinaus willkommene Abwechslung in den Tanz.

VORHER
Zum Beispiel ein Grundschritt mit einer Viertelrechtsdrehung für die Dame.

AUSGANGSPOSITION
Die Dame steht mit den Schultern im rechten Winkel an der rechten Seite des Herrn (linke Schulter, bzw. Blick zum Herrn), sie hat ihren linken Arm auf der rechten Schulter des Herrn; er umgreift mit dem rechten Arm von hinten ihre Taille.

VARIATIONEN
Auch hier gibt es verschiedene Variationen. Die Figur kann – statt dieser Rechtsdrehung um den Herrn – auch in einer Linksdrehbewegung ablaufen. Alle weiteren Änderungen beziehen sich auf den Ein- oder Ausgang. Bei der Auflösung im vierten Teil kann die Dame auch durch einen Rückwärtssalto wieder in die Ausgangsposition gebracht werden. (Diese Version ist nur in der A-Klasse erlaubt.)

	HERR	DAME
1.Teil **1**	Mit beiden Armen die Dame in Sitzposition vor dem Körper halten, leichte Körperdrehung nach links (als Ausholbewegung für den 2. Teil)	In Sitzposition springen (in die Arme des Herrn)
2.Teil **2** **3**	Mit RA die Dame auf den Rücken schwingen, sofort mit LA in die Kniekehlen der Dame greifen	Beide Beine in einem kleinen Halbkreis auf den Rücken des Herrn schwingen, sofort Unterschenkel anwinkeln
3.Teil **4** **5**	RA lösen, mit LA die Dame gut hochhalten, Dame hinter dem Rücken frei nach unten schwingen lassen, dann vor den Körper Dame in Sitzposition zurückschwingen, RA umgreift die Taille der Dame	LA lösen, mit dem Oberkörper frei nach unten schwingen, dann um die linke Seite des Herrn herum wieder in Sitzposition hochschwingen, LH und RH auf rechte Schulter des Herrn

Der 2. und 3. Teil können hier
beliebig oft wiederholt werden.

Wickler 4. Teil (Auflösung / Abgang)

	HERR	DAME
6	1/2 RD, Dame mit beiden Armen in aufrechter Position in die Luft werfen, so daß sie in offener Gegenüberstellung landet	Mit der LH auf der Schulter des Herrn abdrücken, Beine stark anziehen, Landung mit gestreckten Beinen abfedern

1

2

3

4

5

6

TODESSPRUNG

Außer dem **Todessprung** gibt es auch noch den **Todeswurf** und den **Todessturz.** Allen drei Figuren ist gemeinsam, daß die Dame zunächst mit dem Kopf voran über den Rücken des Herrn springt, dann – ebenfalls mit dem Kopf voran – zwischen seinen Beinen wieder hervorkommt. Die verschiedenen Eingangsmöglichkeiten geben den Figuren jeweils ihren Namen.

VORHER
Alle Figuren, die in offener Gegenüberstellung enden.

AUSGANGSPOSITION
Offene Gegenüberstellung, ohne Haltung, Herr in Grätschposition.

Todessprung 1. Teil / 2. Teil

	HERR	DAME
1. Teil **1**	Oberkörper gerade im rechten Winkel nach vorn beugen, linken Arm nach oben senkrecht zum Rücken halten, rechte Hand zwischen den Knien bereithalten	Kopf voraus über den Rücken des Herrn springen, beide Arme vor, an den Oberschenkeln des Herrn abfangen
2.Teil **2** **3**	Mit LA Dame in den Kniekehlen halten, RA greift den Nacken der Dame, mit beiden Armen die Dame nach vorn schwingen (vor die Füße)	Beide Unterschenkel stark abwinkeln, Nacken stark zurück halten, beide Arme lösen (eventuell mit LA am rechten Oberarm des Herrn hochziehen)

ENDE
Offene Gegenüberstellung.

NACHHER
Alle Figuren aus offener Gegenüberstellung.

1

2

3

TODESWURF

mit Grätsche

Gegenüber dem **Todessprung** ändert
sich nur der 1. Teil.

Todeswurf mit Grätsche

	HERR	DAME
1	Mit Griff an Ober- oder Unterschenkel den Wurf bzw. Sprung der Dame unterstützen.	Kopf voraus direkt über den Kopf und Rücken des Herrn springen bzw. aus dem Grätschsitz über den
2	Bei Wurf der Dame aus dem Grätschsitz heraus den Oberkörper aufrichten	nun aufrechten Oberkörper des Herrn „fliegen"

Anschließend läuft alles wie im
2. Teil des **Todessprunges** schon
beschrieben ab.

1

2

Steigern läßt sich der Schwierigkeitsgrad des **Todessturzes** durch
den sogenannten **eingestiegenen
Todessturz.**

eingestiegener Todessturz

	HERR	DAME
1	Mit „gefalteten" Händen vor dem Körper einen „Einstieg" vorbereiten, dabei leicht in die Knie gehen	Mit einem Fuß in die verschränk-ten Hände des Partners steigen, die Hände leicht auf dessen Schultern legen und nach oben springen
2	Durch Strecken des Körpers und gleichzeitiges Hoch-ziehen der Arme die Dame „hochschleudern"	Am höchsten Punkt der Flug-kurve den Oberkörper nach vorne beugen und kopfüber hinter den Rücken des Herrn gleiten, mit den Händen an den Oberschenkeln des Herrn abfangen
3	Mit einem Arm Dame in den Kniekehlen halten, anderer Arm greift den Nacken der Dame, mit beiden Armen die Dame zwischen den Beinen durchschwingen nach vorne vor die Füße absetzen	Beide Unterschenkel stark anwinkeln, Nacken zurücknehmen, beide Arme lösen

Es gibt noch eine weitere Variante,
wie zum Beispiel eine **Kehre** mit
anschließendem Übergang zum
2. Teil des **Todessprungs,** das heißt,
die Dame dreht nach der eigentlichen Kehre weiter, so daß sie über
den Kopf des Herrn in den **Todessturz** fliegt.

1

2

3

KUGEL

Schulterkugel

Nicht wenige behaupten, diese **Wickelfigur** sei die schwierigste akrobatische Figur. Dies kann man zu Recht behaupten, legt man der Beurteilung die Kriterien einer exakten, schnellen und rhythmischen Ausführung zugrunde. Hier treffen zwei teilweise gegensätzliche Forderungen aufeinander. Einerseits wird Schnelligkeit der Bewegung gefordert, andererseits ein ruhiger Körper, sowohl vom Herrn als auch von der Dame. Der Herr soll mit den Füßen exakt an der Stelle bleiben (wie bei jeder anderen Akrobatik auch), und er soll außerdem den Oberkörper, so weit es geht, ruhig und aufrecht halten; die Dame muß ihren ganzen Körper immer gestreckt und geradehalten – eine Voraussetzung, die das Gelingen der Figur überhaupt erst ermöglicht – und darf nie ihre Körperspannung verlieren.

VORHER
Schulterfasser.

AUSGANGSPOSITION
Die Dame steht rechts vom Herrn, in gleicher Blickrichtung, und hält beide Arme nach oben gestreckt, oder sie hält sich an der rechten Schulter des Herrn von hinten fest .
Der Herr steht mit geschlossenen Füßen oder in einer leichten Grätschposition und umschließt mit beiden Armen von vorn die Taille oder das Becken der Dame.

ENDE
Offene Gegenüberstellung.

NACHHER
Alle Figuren aus offener Gegenüberstellung.
Die verschiedenen Ein- und Ausgänge werden hier nicht beschrieben, da sie bei den Paaren individuell verschieden sind.

	HERR	DAME
1.Teil **2**	Dame mit ihrem Becken auf die linke Schulter legen, so daß sie die gleiche Blickrichtung wie der Herr hat, RH liegt jetzt an der rechten Hüfte der Dame	Körper mit Spannung gerade halten
2.Teil **3** **4** **5**	Mit der RH die Dame in einer möglichst horizontalen Drehebene auf der linken Schulter in eine fast ganze LD bringen, LA und linke Schulter so hochhalten, daß die Dame damit am Ende der Drehung festgehalten werden kann	Am Ende der LD mit beiden Armen die rechte Schulter des Herrn erreichen, an dieser Schulter hängend frei an der rechten Seite des Herrn durchschwingen (an der Ausgangsposition vorbei)

Der 1. und 2. Teil stellt eine **Kugel** dar und kann beliebig oft wiederholt werden.

	HERR	DAME
6 **7** **8**	Dame in der Aufwärtsbewegung nicht mehr auf die linke Schulter, sondern über den rechten Oberarm und die rechte Schulter in eine saltoähnliche Rückwärtsbewegung drehen.	Beine anziehen und um den rechten Oberarm des Herrn drehen
9	Dame auf die Füße absetzen, so daß sie mit dem Gesicht zum Herrn landet	In der Schlußphase die Beine strecken

1

2

3

4

5

6

7

8

9

Diese Figur hat ihren Namen zu Ehren des Weltmeisterpaares im Schautanzen, Pierre Dulaine und Yvonne Marceau, die diese Figur aus dem Ballett für ihre Schau weiterentwickelt haben. In einer schnelleren Ausführung ist sie mittlerweile eine der attraktivsten Figuren des Rock 'n 'Roll.

Der **Dulaine** ist eine schwierige, komplizierte Figur, da hier Bewegungen um zwei unterschiedliche Körperachsen ausgeführt werden: Die Dame dreht sich um ihre Längsachse, während sie gleichzeitig fast horizontal, mit den Beinen voran, um den Nacken des Herrn gedreht (geworfen) wird.

VORHER

Zum Beispiel die Dame mit einem Grundschritt an die linke Seite des Herrn.

AUSGANGSPOSITION

Die Dame steht an der linken Schulter im rechten Winkel zum Herrn (rechte Schulter zum Herrn, beziehungsweise Blick zum Herrn) und hat ihre rechte (eventuell auch linke) Hand auf seiner linken Schulter; er umgreift mit dem linken Arm von hinten die Taille der Dame, und mit der rechten Hand hält er ihr rechtes Bein .

	HERR	DAME
2	Dame mit ihren Beinen	In der Bewegung um den
3	voraus in einem Rechtskreis um den Nacken herumwerfen	Nacken des Herrn führt die Dame eine ganze Rechtsdrehung um ihre Körperlängsachse aus.
4	LA und RA fangen die Dame wieder auf	Mit dem rechten Arm auf der linken Schulter des Herrn in Sitzposition Bewegung abfangen

ENDE

Aus der Sitzposition wird die Dame
in die offene Gegenüberstellung
geworfen.

NACHHER

Alle Figuren aus offener Gegenüberstellung.
Während dieser Figur kann die
Dame ihre Beine schließen oder
immer einen rechten Winkel
einhalten. Die Knie sollten jedoch
immer durchgedrückt sein, so daß
zu jedem Zeitpunkt gerade Bein-
linien sichtbar sind. Möchten Sie
jedoch die Geschwindigkeit
steigern, so haben sich gebeugte
Knie bzw. angewinkelte Unterschenkel der Dame als vorteilhaft
erwiesen.

SALTO

Der **Salto** wird inzwischen schon einfach und zweifach getanzt, wobei die doppelten Saltobewegungen die umstrittensten Figuren sind im Hinblick auf die Frage, wie weit sich der Rock-'n-'Roll-Sport noch in Richtung Sportakrobatik entwickelt. Mehr als ein zweifacher Salto ist im Wettbewerb allerdings nicht erlaubt.

	HERR	DAME
1	Mit „gefalteten" Händen vor dem Körper einen „Einstieg" vorbereiten, dabei leicht in die Knie gehen und durch Streckung und Hochziehen der Arme die Dame „hochschleudern"	Mit einem Fuß in die verschränkten Hände des Partners steigen, die Hände leicht auf dessen Schultern legen und gestreckt hochspringen
2		Auf dem höchsten Punkt in eine gehockte Salto-Rückwärtsbewegung drehen, dann wieder zur vollen Körperstreckung öffnen
3	Auffangen der Dame bei der Landung durch Griff mit den Händen unter die Achseln	Landung auf beiden Füßen vor dem Herrn

Der gleiche Salto kann auch **gestreckt** durchgeführt werden **4**.

1

2

3

4

BETTARINI

Diese Figur hat ihren Namen von
einem der bekanntesten italieni-
schen Rock-'n'-Roll-Tänzer,
Marco Bettarini, dem mehrmaligen
Weltmeister Ende der 70er Jahre.

Bettarini

	HERR	DAME
1	Der Herr umschließt mit mit den Fingern die Zehenspitzen der Dame	Die Dame startet von einer Sitzposition auf den Schultern des Herrn. Sie „steigt" in seine Handflächen
2 **3**	Der Herr neigt den Körper leicht nach vorne und drückt die Dame mit den Armen in eine gestreckte senkrechte Position über seinem Körper	Zur Ausholbewegung rutscht die Dame auf den Rücken des Herrn
4		Vom höchsten Punkt tanzt die Dame eine gehockte Saltobewegung vorwärts über den Kopf des Herrn, öffnet am Ende der Drehphase zu einer gestreckten Position und landet mit dem Rücken zum Herrn auf beiden Beinen
5	Der Herr unterstützt die „Landephase" der Dame indem er sie mit beiden Händen unter der Achsel abfängt	

1

2

3

4

5

Selbstverständlich werden in der Akrobatik genau wie in der Halbakrobatik Kombinationen aus den Einzelfiguren zusammengestellt. Dabei kann es notwendig sein, daß man den Ablauf einer Einzelfigur am Anfang oder Ende etwas verändert, um eine günstige Position für die nächste Figur zu erhalten. Bei den Beschreibungen sind bereits Möglichkeiten angegeben, um eine Kombination zusammenzustellen.

In der Akrobatik der A-Klasse sind die größten Möglichkeiten zu kreativer, akrobatischer Entfaltung gegeben. Aber ob man jetzt in der einen oder anderen Klasse tanzt und sich in Halbakrobatik oder Akrobatik (B- und A-Klasse) versucht, oberstes Gebot ist immer die Sicherheit bei der Ausführung, die Harmonie der Partner und die gute rhythmische Umsetzung des technischen Ablaufs.

AUFBAU VON TANZFOLGEN

Spätestens dann, wenn Sie Rock 'n' Roll auch turniermäßig tanzen möchten, stellt sich die Frage: wie arrangiere ich die gelernten Einzelelemente zu einem Tanz, wie kann ich sie am sinnvollsten miteinander verbinden, und vor allem wie trainiere ich sie? Wählen Sie besonders am Anfang eine möglichst kleine bzw. kurze Tanzfolge. Zuviele Elemente verwirren und behindern den Lernvorgang.
Ein Beispiel:
Grundschritt, 1. Figur, Grundschritt, 2. Figur, Grundschritt und dann wieder von vorne. Erst wenn diese Reihenfolge auch mit Musik und im entsprechenden Tempo beherrscht wird, sollten Sie eine weitere Figur einbauen.

Kombinationsvorschläge

Die nun folgenden Kombinationen eignen sich für das Üben der von mir vorgestellten Figuren ganz besonders gut. Ihr Schwierigkeitsgrad erhöht sich von Kombination zu Kombination, wobei die jeweils neuen Elemente durch die *kursive* Schrift kenntlich gemacht wurden. Eine Folge beginnt stets mit dem Grundschritt, die gesamt zu wiederholende Tanzfolge ist, wie in der Musik üblich, in Wiederholungszeichen (ll: ... :ll) gesetzt und dadurch leicht zu erkennen.
1. ll: Grundschritt, *Promenade (Schulterfasser)*, zurückdrehen :ll

2. ‖: Grundschritt,
   Platzwechsel :‖

3. ‖: Grundschritt, *American Spin,*
   Platzwechsel, *American Spin,*
   Platzwechsel :‖

4. ‖: Grundschritt, Platzwechsel,
   Flirt, Platzwechsel :‖

5. ‖: Grundschritt, Flirt, *Brezel,*
   American Spin :‖

6. ‖: Grundschritt, Flirt,
   Toe Heel :‖

7. ‖: Grundschritt, halbe Linksdrehung der Dame, *Tausendfüßler,* halbe Rechtsdrehung
   der Dame :‖

8. ‖: Grundschritt, Platzwechsel,
   Schiebetür, American Spin :‖

Diese Kombinationen können Sie
wieder zu weiteren Folgen zusammensetzen. Auch dazu einige
Vorschläge:

Für den Anfänger

1. ‖: Grundschritt, Schulterfasser
   (Promenade), Dame unter dem
   rechten Arm zurückdrehen
   (American Spin), Platzwechsel
   unten, Platzwechsel oben :‖

2. ‖: Grundschritt, American Spin
   geführt mit der linken Hand, am
   Ende Handwechsel, Dame wie
   beim Schulterfasser hinter den
   Herrn führen, Drehung für beide
   (American Spin), Platzwechsel
   Tor :‖

Auch diese beiden Folgen können
Sie wieder miteinander kombinie-
ren und hintereinander tanzen.

Für den Fortgeschrittenen

Hier darf ich Ihnen einige Folgen
vorschlagen, mit denen Sie bei
einwandfreiem Vortrag das Deutsche Rock-'n'-Roll-Abzeichen des
ADTV's in Bronze erlangen können.

1. ‖: Grundschritt, American Spin
   der Dame mit Handwechsel,
   Dame hinter den Herrn führen
   (wie beim Schulterfasser),
   American Spin für beide,
   Platzwechsel, Windmill, Platz-
   wechsel, Schiebetür, Flirt, Brezel,
   Linksdrehung für die Dame :‖

2. ‖: Grundschritt, Platzwechsel,
   Schiebetür, Flirt, Toe Heel,
   Brezel, Schulterfasser, American
   Spin für beide :‖

Mit Akrobatik

1. ‖: Grundschritt, Dame an die
   rechte Seite führen, Lasso,
   Platzwechsel, Kniesitz,
   Platzwechsel :‖

2. ‖: Grundschritt, Shalom,
   American Spin, Durchziehen,
   Platzwechsel :‖

3. ‖: Grundschritt, Hüftsitz links,
   Hüftsitz rechts, Grätsche,
   Grundschritt :‖

4. ‖: Grundschritt, München,
   Platzwechsel, Sagi,
   Platzwechsel :‖

5. ‖: Grundschritt, Platzwechsel,
   eine halbe Linksdrehung für
   den Herrn, eine halbe Rechtsdrehung für die Dame, Rücken
   an Rücken :‖

ANHANG

Musikvorschläge

CD's

Jump, Boogie u. Jive	Showaddywaddy	President	PCGM 1112
Let's have a party	2 CD-Set, Diverse	EMI	686-7958792

Singles

Rock 'n' Roll is King	Electric Light Orchestra	Jet	Jet 7034
Crazy little Thing called love	Queen	EMI	1C006-63317
Red Hot	Robert Gordon	Private Stock	1C006-60019
At the Hop	Dany and the Juniors	ABC	17139
It's late	Shakin Stevens	CBS	EPC 3634
This ole House	Shakin Stevens	CBS	EPC 9555
I Might	Shakin Stevens	CBS	01-655603-00
My toot toot	Denise Lasalle	CBS	EPC 6334
The way to your heart	Soulsisters	EMI	003-1192477
I'm so excited	Pointer Sisters	RCA	GB-13485
Love you done me wrong	René Shuman	Moon Strings	MS 0710
You can't hurry love	Phil Collins	WEA	25.9980-7
Get out of your lazy bed	Matt Bianco	WEA	24.9532-7
Walk like an Egyptian	Bangles	CBS	650049-7
Motormania	Roman Holliday	Zomba	6.13948
Only Fools (Maxi Vers.)	Sonia	I.Q.	614505
Chantilly Lace	Jerry Lee Lewis	Mercury	AA 6052 141
At the Hop	Dany & the Juniors	ABC	17139

LP's

This ole House	Shakin Stevens	CBS	EPC 84985
The Bop won't Stop	Shakin Stevens	CBS	EPC 86301
Jump, Boogie u. Jive	Showaddywaddy	President	PTLS 1112
That's what I like	Jive Bunny	BCM	12350
That sound good to me	Jive Bunny	Music Factory	MFDT 004
Can Can you Party	Jive Bunny	BCM	12500
Swing th mood	Jive Bunny	BCM	18301
Rocking Club Music	The Jackys	ETU Schweiz	C058-76095S
Only Rock 'n' Roll	Wanda Jackson	Capitol	25150-85334
Rocklin' Rollin' Vocal Groups again	Div.	Cham	80423
20 Golden Pieces	Merril E. Moore	Bulldog	BDL 2011
Well now dig this	The Jodimars	Bulldog	BDL 1031
The Original	Bill Haley	MCA-Coral	42001
Conway Twitty	Conway Twitty	MGM	2624031
Wintage Rock 'n' Roll	Billy Lee Riley	Cowboy Carl Rec.	CCLP-105
Riders in the Sky	Matchbox	magnet	LP 7612
Gonna Rock 'n' Roll tonight	Carl Mann	Rockhouse	67524
Rock, Rock, Rock 'n' Roll	Big Bopper	Mercury	6463057
Downhome Rockabilly	Sleepy la Beef	Carly Rec.	CR 30172
16 Greatest Hits	Fabian	ABC	ABCX-806

Register

Im FALKEN Verlag sind zahlreiche Titel zum Thema „Tanzen" erschienen.
Fragen Sie Ihren Buchhändler.

Die Deutsche Bibliothek – CIP-Einheitsaufnahme

Steuer, Wolfgang:
So tanzt man Rock 'n' Roll : Grundschritte, Figuren, Akrobatik /
Wolfgang Steuer. – Niedernhausen/Ts. : FALKEN, 1995
ISBN 3-8068-1508-9

ISBN 3 8068 1508 9

© 1995 by Falken-Verlag GmbH, 65527 Niedernhausen/Ts.

Umschlaggestaltung: Andreas Jacobsen
Gestaltung: Horst Bachmann
Redaktion: Monika Zilliken
Herstellung: Petra Leupacher
Titelbild: Sportphoto-Agentur Schreyer, Nürnberg
Fotos: Hans Erhardt Fotografie, München außer:
Allgemeiner Tanzlehrerverband, Hamburg: S. 21; **Richard Bleyer oHG,** Herford: S. 80;
dpa Deutsche Pressebild-Agentur, Frankfurt/M.: S. 12; /Lennex Smillle, Camera Press,
London: S. 9 links oben; **INTERFOTO-PRESSEBILD-AGENTUR,** München: S. 9 rechts oben,
9 Mitte, 13,14, /Baptiste: S.17; **Keystone PRESSEDIENST GmbH,** Hamburg: S. 4 links,
10, 15, 18 links; **Sportphoto-Agentur Schreyer,** Nürnberg: S. 95; **Mary Thürmer,**
Mannheim: S. 27; über **Wolfgang Steuer:** S. 18 rechts
Zeichnungen: Christine Fellner, Bad Ems

Satz: Falken-Verlag GmbH, Niedernhausen/Ts.
Druck: Druckerei Parzeller GmbH, Fulda

817 2635 4453 6271